要点解説

旅行業務取扱管理者

〔国内・総合〕

太田 実

八千代出版

はじめに

　旅行業務取扱管理者の制度は、1971年に改正された旅行業法で、「旅行業者等は、営業所ごとに、一人以上の旅行業務取扱管理者を選任することを義務付ける」とされたことから誕生した制度です。改正の意図は、旅行業者と旅行者が契約を結ぶ際に、旅行者は法的・実務的知識などの面で圧倒的に不利な立場にあり、また改正当時いわゆる悪徳業者が跋扈していたことから、公正な旅行契約の締結を実現する必要があったためです。旅行業者が営業所を開設するためには必ず旅行業務取扱管理者を選任しなければならず、このことから、旅行業を営む上では従業員等に必須の資格といえます。

　近年においては、法改正により旅行業に参入しやすくなったことから、旅行業以外の業種の従業員などもこの資格の取得を目指す傾向が見受けられます。本業を補完する意味で旅行サービスを提供しようとする、バス会社や鉄道会社などの運送業、ホテルなどの宿泊業などが代表的です。結婚式場や留学をあっせんする会社などでも必要とするケースが見られます。また、個人で通訳ガイドをしている方なども、直接業務には関係しないものの、旅行関連の知識を身に付け、外国人に対するサービスを強化しようとする目的で受験しているようです。

　ただ、受験者の属性を見ると、学生がおおよそ半分を占めています。就職に備えてのことと思われますが、実際に、旅行業務に関する幅広い知識の獲得や旅行業に対する旺盛な意欲を示すものとして、当資格の勉強及び取得はこれから旅行業界を目指す人にとっても非常に有効であるといえます。

　本書では、初学者にもわかりやすいよう、また学習効率を最大化することに主眼を置き、できるだけ図表を用いるとともに、条文や約款の文言もできるだけかみくだいて、重点となる個所を解説しています。練習問題は割愛していますので、学習においては、別途「過去問」等を解きながら進めるようにしてください。

　本書を手にした皆さんが、1人でも多く合格の栄冠を勝ち取られることを心から念願するとともに、その後のご活躍を期待しています。

　2021年2月

著者　太田　実

学習の進め方

　学習のスタイルは人それぞれですから、すでに確立した方法を実践している方はそれに従って進めてください。本書を用いて学習する場合には、次のような方法もありますので参考にしてください。

【「旅行業法」と「約款」はまず通読して、概要を把握する】

　「旅行業法」と「約款」は暗記科目で、最終的には条文化されている細かな事項を覚えなければなりませんが、最初から暗記しようとすると、時間がかかり思うように先へ進むことができません。そこで、まずは旅行業法が旅行業者に課している義務や、旅行者保護のための諸制度の趣旨等の柱となる内容を把握して、次に具体的な項目（条文ごとに規定された項目、金額・日数などの数字等）を確認するといった2段構えの方法が効率的であり、また、精神的にも楽です。

【「旅行業法」と「約款」は早い時期から過去問に取り組む】

　これらは条文に基づいて出題されますので、出題内容も毎年ほぼ同様となっています。テキストで内容を確認した後に、過去問をチェックして出題される項目や問われ方を確認するという作業を入れて、再度テキストを読み込む方法が効果的です。本書のほかに、「過去問」等の練習問題を用意し、並行して学習を進めていくことをお勧めします。

【運賃・料金は具体例を通して正確に理解する】

　「国内実務」、「海外実務」の出題範囲の中でも、運賃・料金はとりわけ合否に影響を与えがちな領域といえます。不十分な知識のまま問題に取り組むと、苦手意識が生じやすく、必要以上に難しく感じてしまいます。本書に掲載されている具体例を、そこで用いられている規則を確認しながらゆっくりと確実に読み進めてください。「何となく正解した」程度の理解では本番では役に立ちません。運賃・料金に関してはある程度時間をかけて、順序よく整理しながら学ぶようにしましょう。旅行業法、旅行業約款と同様に、「過去問」等の練習問題を用意し、並行して学習を進めてください。

【観光地理の知識は「浅く広く」で蓄積していく】

　観光地理は、出題範囲が広すぎて、どこから手を付けてよいか分からないと感じるでしょう。系統立てて理解するものではありませんので、TVや雑誌、広告、新聞記事、旅行パンフレットなど様々な媒体を、普段から関心を持って眺めるだけでも効果があります。観光地理については本書に収録していませんので、「過去問」等の練習問題を使用して学習してください。

目　　次

IV部　海外旅行実務

I 部

旅行業法及びこれに基づく命令

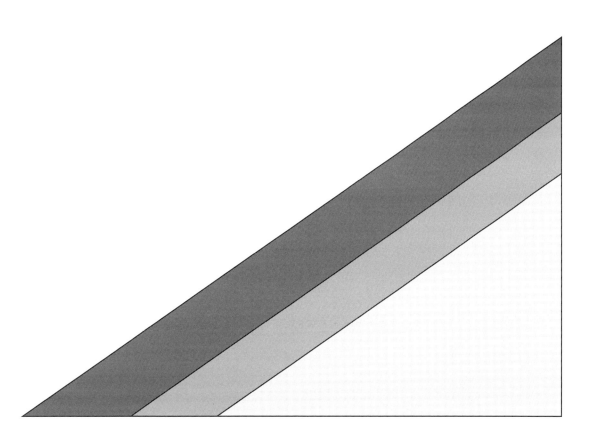

1　旅行業法の基礎知識と目的・定義

　旅行業法の目的と定義については、そもそも旅行業とはどのようなものなのか、その要件と種別について理解してください。非常に重要な条文で、試験にも毎年出題されています。他の法律同様、旅行業法においても第1条は「目的」を規定して、その制定の趣旨を述べています。旅行業法令全体の根幹であり、十分に理解しておくことが必要です。

Point1　旅行業法令の構成

　旅行業法令は、旅行業法と旅行業法に基づく5つの法令から構成されます。

① 「旅行業法」（法律）：旅行業の登録制度や取引準則等を定めるなどした旅行業の基本となる法律。
② 「旅行業法施行令」（政令）：観光庁長官の権限を都道府県知事に委任することなどを定めた政府の命令。
③ 「旅行業法施行規則」（省令・共同命令）：旅行業法の細則などを定めた内閣府令、及び国土交通省の命令。
④ 「旅行業者等が旅行者と締結する契約等に関する規則」（省令・共同命令）：旅行者と締結する契約などに関して詳細な規則を定めた内閣府令、及び国土交通省の命令。
⑤ 「旅行業者営業保証金規則」（省令・共同命令）：営業保証金について定めた法務省、及び国土交通省の命令。
⑥ 「旅行業協会弁済業務保証金規則」（省令・共同命令）：弁済業務保証金について定めた法務省、及び国土交通省の命令。

Point2　旅行業法の目的

　旅行業法第1条は、最重要条文なので以下に全文を掲げます。「3つの目的」とこれらを達成するための「3つの達成手段」が規定されています。条文の構造を把握することでしっかりと理解しましょう。

> **旅行業法 第1条（目的）**
> 　この法律は、旅行業等を営む者について登録制度を実施し、あわせて旅行業等を営む者の業務の適正な運営を確保するとともに、その組織する団体の適正な活動を促進することにより、旅行業務に関する取引の公正の維持、旅行の安全の確保及び旅行者の利便の増進を図ることを目的とする。

図表 I -1-1　旅行業法の「目的」と「達成手段」

〔達成手段〕
①旅行業を営む者についての登録制度の実施
②旅行業等を営む者の業務の適正な運営の確保
③旅行業等を営む者が組織する団体の適正な活動の促進

〔目的〕
①旅行業務に関する取引の公正の維持
②旅行の安全の確保
③旅行者の利便の増進

Point3 旅行業の定義

旅行業法は旅行業等を営む者を規制する法律ですが、効果を発揮するためには、そもそも旅行業の要件を明確にすることが必要です。そこで、旅行業法では、どのような行為の場合に旅行業の登録が必要となるのか、また、旅行業の登録がなくても可能な行為はどのようなものかなど、旅行業の「定義」を第2条に規定しています。

Point4 旅行業を規定する3要件

条文を要約すると、旅行業とは、「①報酬を得て、②次に掲げる行為を行う③事業」となります。

① 「報酬を得ること」：「報酬」とは、「一定の行為を行うことで得られる経済的収入のこと。代表的なものとして、「旅行者から収受する取扱料金」、「運送業者、宿泊業者などから収受する手数料」、「他の旅行会社から収受する手数料」などがある。なお、無償で行う行為は旅行業には該当しない。
② 「一定の行為」：「企画旅行」（「募集型企画旅行」「受注型企画旅行」）の実施、「企画旅行」に付随した「運送等関連サービス」を提供する契約の締結（「付随的旅行業務」）、旅行者自身が決めた旅行内容を手配する「手配旅行業務」、「渡航手続き関連業務、その他の関連業務」、「旅行相談業務」などが該当する。
③ 「事業であること」：事業とは、一定の目的を持ち、同種の行為を反復、継続して行うこと。

旅行業者は、運送・宿泊機関と旅行者の双方に契約関係が存在します。この位置付けを理解しておくと、旅行業に該当するか否かの判断に役立ちます。

図表 I-1-2　旅行業者の位置付け

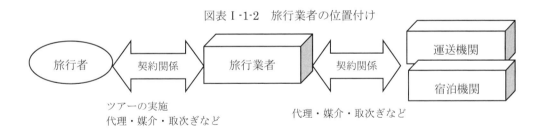

　上述した 3 要件のうち、1 つでも満たさなければ旅行業には該当しません。ただ、「一定の行為」については、判断にやや難しい面や例外がありますので、具体的な事例を提示します。

①運送事業者の代理行為の例外：運送機関の代理のみを行う場合は、旅行業には該当しない。例えば、「路線バスの回数券を販売する商店」、「航空券の購入ができる端末を置くコンビニエンスストア」などが該当する。

②手配代行者：旅館等の手配を専門とする業者や、海外旅行における現地手配会社（ツアーオペレーター）などの「手配代行者」、また、添乗員を派遣する派遣会社は、旅行業に該当しない。

③運送等関連サービスのみの提供：プレイガイド等が観光施設の入場券などを販売している場合など、付随的な旅行業務は単独では旅行業には該当しない。

④運送・宿泊事業者の通常契約：貸し切りバスを所有するバス会社が自社のバスを利用して日帰りツアーを実施するケースや、ホテルが新聞やインターネットを通じて宿泊プランを販売するケースなどは旅行業に該当しない。

2　登録制度

　旅行業を営むには、あらかじめ登録が必要です。ここでは、旅行業の登録に関して、申請先や登録の基準、有効期間、更新の手続きなどを理解します。

Point1　旅行業者の業務の範囲

　旅行業または旅行業者代理業を営もうとする者は、あらかじめ行政庁の行う登録を受けなければなりません。登録の申請の際は、以下のような取り扱う業務の範囲を明確にする必要があります。

①第1種旅行業務
　　募集型企画旅行、受注型企画旅行、手配旅行、受託契約に基づく代理販売（受託販売）などにおいて、国内、海外ともすべての旅行業務を取り扱うことができる。
②第2種旅行業務
　　第1種旅行業務の取扱い範囲のうち、海外の募集型企画旅行を自ら実施することだけができない。（受注型企画旅行、手配旅行などは海外旅行も取り扱える。）
③第3種旅行業務
　　募集型企画旅行は原則として取り扱えないが、国内の募集型企画旅行に関しては「拠点区域内（営業所のある市町村及び隣接する市町村などの地域内、及び離島など観光庁長官の定める地域）で実施するもの」に限って実施することができる。受注型企画旅行、手配旅行、受託契約に基づく代理販売（受託販売）に関しては、第1種旅行業務や第2種旅行業務と同様に、国内・海外とも取り扱うことができる。
④地域限定旅行業者
　　募集型企画旅行、受注型企画旅行、手配旅行ともに「拠点区域内で実施するもの」に限って実施できる。海外の企画旅行、手配旅行、並びに拠点区域以外の地域が含まれている国内の企画旅行、手配旅行は取り扱うことができない。

Point2　旅行業者代理業者の業務の範囲

　旅行業者代理業者は、所属旅行業者から委任された範囲に限り、所属旅行業者を代理して旅行者と契約を締結することができます。

図表Ⅰ-2-1　旅行業と旅行業者代理業の業務の範囲

	募集型企画旅行		受注型企画旅行		手配旅行		受託販売	
	海外	国内	海外	国内	海外	国内	海外	国内
第1種旅行業	○	○	○	○	○	○	○	○
第2種旅行業	×	○	○	○	○	○	○	○
第3種旅行業	×	△(注)	○	○	○	○	○	○
地域限定旅行業	×	△(注)	×	△(注)	×	△(注)	○	○
旅行業者代理業	×	×	×	×	所属旅行業者から委託された範囲			

注：拠点区域内（営業所のある市町村及び隣接する市町村などの地域内、及び離島など観光庁長官の定める地域）のみ可能

9

　旅行業と旅行業者代理業の別、また、旅行業の登録業務範囲の区分に応じて、それぞれ管轄する機関があります。これを登録行政庁といいます。旅行業等を営もうとする者は、定められた登録行政庁に登録の申請をしなければなりません。

図表Ⅰ-2-2　登録の申請先

種　　別	登録行政庁
第1種旅行業	観光庁長官
第2種旅行業、第3種旅行業、地域限定旅行業、旅行業者代理業	主たる営業所の所在地を管轄する都道府県知事

Point4　登録の拒否

　登録行政庁が登録の申請を受けた時は、申請内容を審査し、登録の拒否事由に該当していなければその申請を受理します。登録の申請者が以下の①～⑨に掲げる事項に1つでも該当している場合は、登録を拒否されます。

①旅行業等の登録を取り消され、その取消しの日から5年を経過していない者。
②禁錮以上の刑または旅行業法に違反して罰金刑に処せられ、刑の執行を終え、または受けることがなくなった日から5年を経過していない者。
　（注：罰金刑によって登録の拒否事由となるのは、旅行業法違反による場合のみ。）
③申請前5年以内に旅行業務に関し不正な行為をした者。
④成年者と同一の行為能力を有しない未成年者で、その法定代理人（例えば親など）が①～③及び⑥のいずれかに該当する者。
　（注：登録の申請者が未成年者であっても、これを理由に登録を拒否されることはない。）
⑤成年被後見人もしくは被保佐人または破産者で復権を得ない者。
⑥法人であって、その役員のうちに①～③または⑤のいずれかに該当する者がある者。
⑦営業所ごとに旅行業務取扱管理者を確実に選任すると認められない者。
⑧旅行業を営もうとする者であって、一定の財産的基礎を有しない者。
　（注：後述の「図表Ⅰ-2-3　種別ごとの財産的基礎」参照。）
⑨旅行業者代理業を営もうとする者で、その代理する旅行業者が2社以上である者。

図表Ⅰ-2-3　種別ごとの財産的基礎（基準資産額）

種　　別	財産的基礎（基準資産額）
第1種旅行業	3000万円以上
第2種旅行業	700万円以上
第3種旅行業	300万円以上
地域限定旅行業	100万円以上
旅行業者代理業	規定なし

　旅行業の登録の有効期間は、登録の日から起算して 5 年となっています。登録の日から起算するということは、5 年後の同一日の前日に有効期間が満了することになります。旅行業者代理業については有効期間に定めはなく、一度登録すれば所属旅行業者との契約が有効である限り、旅行業者代理業の登録は有効です。

　また、有効期間の 5 年が経過しても、引き続き旅行業を営もうとする場合は、有効期間の更新をしなければなりません。更新の登録は、有効期間満了日の 2 か月前までに登録行政庁に対して申請を行います。更新登録をした場合の有効期間は、従前の登録満了日の翌日から起算します。

図表 I -3-1　登録の有効期間と、有効期間の更新

| 2021 年 | 2026 年 | 2026 年 | 2026 年 |
| 4 月 1 日 | 1 月 31 日 | 3 月 31 日 | 4 月 1 日 |

登録日　　　　　更新登録の申請期限　　　有効期間満了日　　新たな有効期間の起算日

（2 か月前）

有効期間 5 年間

　更新登録の申請期限までに申請したにもかかわらず、有効期間満了日まで登録可否の通知が来ない場合は、通知があるまで従前の登録は有効で、事業を続けることができます。有効期間満了後に更新が認められた場合でも、新たな有効期間は従前の有効期間満了日の翌日から起算して 5 年となります。

Point6　登録事項と登録事項の変更

　登録の際に申請書に記載する事項は、以下の通りです。

①氏名・名称・住所・法人にあってはその代表者の氏名。
②主たる営業所・その他の営業所の名称・所在地。
③事業の経営上使用する商号がある時はその商号。
④業務範囲（第 1 種、第 2 種、第 3 種、地域限定）の別。
⑤旅行業者になろうとする者であって旅行業者代理業者に旅行業務を取り扱わせる場合、その代理業者の氏名・名称・住所・営業所の名称と所在地。
⑥旅行業者代理業者の場合は、所属旅行業者の氏名・名称・住所。

　上記のうち①～③及び⑤の事由に変更が生じた場合は、その日から 30 日以内に登録事項の変更の届出をしなければなりません。また、旅行業者が登録業務範囲を変更しようとする場合は、変更登録を受けなければなりません。変更登録の申請先は、変更後の業務範囲を管轄する登録行政庁となります。

3　営業保証金制度

　営業保証金制度は、旅行業者等との取引によって損害を受ける可能性のある旅行者を保護するためにつくられた制度です。ここでは、制度の仕組み、及び手続きの流れを理解します。

Point1　営業保証金の仕組み

　旅行業法では、旅行業者と旅行に関する取引をした旅行者の保護を図るために、あらかじめ旅行業者の財産のうちの一定額を国に預けることを義務付けています。この時に、国に預けることを「供託」、預ける財産を「営業保証金」といいます。例えば、旅行業者の倒産等により旅行代金を支払っていながら旅行が実施されないといったケースの際に、旅行者の弁済を可能にする制度です。

　営業保証金の仕組みは以下の通りです。

①新規に旅行業の登録を受けた旅行業者は、事業を開始する前に、営業保証金を主たる営業所の最寄りの供託所に預ける。（供託）
②供託所から供託書が交付される。
③供託書の写しを添付して、登録行政庁に届け出る。
④債務の不履行等による損害の発生。
⑤旅行者は営業保証金から弁済（還付）を受けることができる。

図表Ⅰ-3-1　営業保証金の流れ

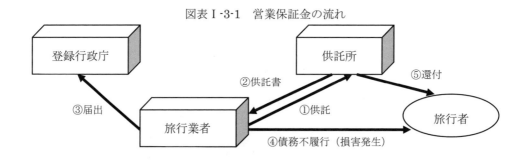

　営業保証金の還付を受ける権利があるのは旅行者のみで、サービス提供者は還付を受ける権利を有しません。還付を受けるには、登録行政庁に申し立てなければなりません。

Point2　営業保証金の供託と事業の開始

　営業保証金の供託は、供託書の写しを添付して、登録の通知の日から 14 日以内に登録行政庁に届け出なければなりません。この届出をしない場合、登録行政庁は 7 日以上の期間を定めて旅行業者に届出をするよう催告します。この催告にもかかわらず、供託、届出を行わない場合は、登録取消を受ける場合があります。旅行業者は、この届出をした後でなければ事業を開始することができません。

なお、旅行業者代理業者は営業保証金を供託する義務はありません。旅行業者代理業者の事業の開始時期は、所属旅行業者が営業保証金を供託し、その旨の届出をした後となります。

Point3　営業保証金の額

　営業保証金の額は、登録業務範囲（第1種、第2種、第3種、地域限定）ごとの、前事業年度の旅行業務に関する旅行者との取引の額に応じて定められています。事業の初年度は最低額に準拠します。

図表Ⅰ-3-2　営業保証金の額（最低額）

登録業務範囲	営業保証金の額（取引額 5000 万円未満の場合）
第1種旅行業	7000 万円
第2種旅行業	1100 万円
第3種旅行業	300 万円
地域限定旅行業	100 万円

　営業保証金は主たる営業所の最寄りの供託所に供託しなければなりません。現金に限らず、国債・地方債等国土交通省令で定める有価証券等によって供託することもできます。また、

　また、旅行業者は、毎事業年度終了後 100 日以内に、その事業年度における旅行業務に関する旅行者との取引の額を登録行政庁に報告しなければなりません。なお、旅行業者代理業者は、報告義務がなく、所属旅行業者が代理業者の分も含めて報告することになっています。

Point4　営業保証金の追加供託

　営業保証金を供託した後であっても、登録業務範囲を変更したり、旅行者との取引額が増加したりするなど、営業保証金を追加で供託しなければならないケースが発生します。営業保証金が増加するのは以下の5つの場合で、これらに該当する時は、所定の期限までに営業保証金の追加供託を行い、登録行政庁にその旨の届出を行う必要があります。

図表Ⅰ-3-3　営業保証金の追加供託と期限

追加供託の事由	届出の期限
①国土交通省令の改正により営業保証金の額が引き上げられた時	省令施行の日から 3 か月以内
②取引額の増加により、供託している営業保証金の額が定められた額に不足する時	事業年度終了後、終了の日の翌日から 100 日以内
③変更登録（登録業務範囲の変更）により、供託している営業保証金の額が定められた額に不足する時	期限の定めはない（追加供託の届出が済むまでは変更後の事業は開始できない）
④営業保証金の還付が行われたことにより、供託している営業保証金の額が不足する時	登録行政庁から供託するよう通知を受けた日から 14 日以内
⑤ 旅行業協会の保証社員^(注)であった旅行業者が保証社員でなくなった時	保証社員でなくなった日から 7 日以内

注：保証社員とは、旅行業協会に加入し、旅行業協会に対して弁済業務保証金分担金を納付した旅行業者のこと

営業保証金を供託した後に、登録業務範囲を変更したり、旅行者との取引額が減少したりするなど、営業保証金を取り戻すことができるケースも発生します。

営業保証金の取戻しの際には、還付対象者の有無を確認するための手続きを必要とする場合があります。その際には、まず、「旅行業者が営業保証金を取り戻すこと」と「還付請求権者は 6 か月を下らない一定の期間内に申し出るべきこと」を「公告」しなければなりません。その後、申し出る者（還付請求権者）がいなければ営業保証金全額を取り戻すことができます。申し出る者がいた場合には、債権者に還付した後の残額を取り戻すことになります。

※「公告」とは、国または公共団体が、ある事項を広く一般に知らせることで、官報・新聞への掲載や掲示など文書によるものをいいます。

営業保証金を取り戻すことができるのは以下の 6 つの場合で、それぞれの事由によって公告の要・不要が定められています。

図表Ⅰ-3-4　営業保証金の取戻しと公告の要・不要

営業保証金の取戻し事由	公告
①変更登録（登録業務範囲の変更）により、供託している営業保証金の額が定められた額を超える時	必要
②有効期間満了、登録取消し、失効などにより旅行業者の登録が抹消された時	必要
③旅行業者が旅行業協会に加入し保証社員となった時	必要
④国土交通省令の改正により、営業保証金の額が引き下げられた時	不要
⑤旅行者との取引額が減少したため、供託している営業保証金の額が定められた額を超える時	不要
⑥ 主たる営業所の移転により供託所を変更する場合で、保管替え[注] の請求ができない時	不要

注：保管替えとは主たる営業所が移転した際の営業保証金の移動に関する手続きのことで、現金のみで供託している場合は、移転後の最寄りの供託所に営業保証金を移動させることができる。しかし、有価証券のみ（または現金と有価証券の組み合わせ）で供託している場合は、移動の手続きができず、一時的に 2 か所の供託所に営業保証金を供託することになる。

4　旅行業務取扱管理者

　この資格を得るための試験ですから、言うまでもなく非常に重要な規定です。旅行業務取扱管理者の管理・監督すべき事務、及び選任に関する事項を理解します。

Point1　旅行業務取扱管理者の選任

　旅行業法では、国家試験である旅行業務取扱管理者試験に合格した者を旅行業務取扱管理者として営業所ごとに配置し、一定の業務について、管理・監督させるように義務付けています。旅行業務取扱管理者は、その営業所における旅行業務に関し、旅行業法の目的に則った内容（取引の公正、旅行の安全及び旅行者の利便を確保）などを確実に実施できるように責任を持つ者です。

　旅行業者等が旅行業務取扱管理者を営業所に配置することを選任といい、以下のような条件が設けられています。

　①営業所ごとに必ず1名以上の旅行業務取扱管理者を選任しなければならない。
　　（営業所の従業員が1名である場合は、その者が旅行業務取扱管理者でなければならない）
　②営業所ごとの業務範囲に応じて、総合旅行業務取扱管理者または国内旅行業務取扱管理者を選任しなければならない。
　　（国内旅行のみを取り扱う営業所では、総合旅行業務取扱管理者または国内旅行業務取扱管理者のどちらでもよい。海外旅行を取り扱う営業所では、必ず総合旅行業務取扱管理者を選任しなければならない。）
　③登録の拒否事由〔p.10〕のうち①~⑤に該当する者は、旅行業務取扱管理者として選任できない。
　④旅行業務取扱管理者は、他の営業所の旅行業務取扱管理者となることはできない。

　なお、営業所において、選任した旅行業務取扱管理者が欠けた場合、新たな旅行業務取扱管理者が選任されるまでは、旅行業務に関する契約を締結することはできません。（すべての旅行業務を行えなくなるわけではありません）

Point2　旅行業務取扱管理者の職務

　旅行業務取扱管理者は、旅行業法の目的に則り、取引条件の明確性、旅行に関するサービスの提供の確実性、取引の公正、旅行の安全及び旅行者の利便を確保する等のために、以下の 10 項目について管理・監督しなければなりません。

　①旅行に関する計画の作成に関する事項。
　②料金の掲示に関する事項。
　③旅行業約款の掲示及び備え置きに関する事項。
　④取引条件の説明に関する事項。

⑤書面の交付に関する事項。

⑥広告に関する事項。

⑦企画旅行の円滑な実施のための措置に関する事項。

⑧旅行に関する苦情の処理に関する事項。

⑨契約締結の年月日、契約の相手方その他の旅行者または旅行に関するサービスを提供する者と締結した契約の内容に係る重要な事項についての明確な記録または関係書類の保管に関する事項。

⑩前①～⑨に掲げるもののほか、取引の公正、旅行の安全及び旅行者の利便を確保するため必要な事項として観光庁長官が定める事項。

　旅行業者等は、国土交通省令で定める様式の証明書（旅行業務取扱管理者証）を作成します。旅行業務取扱管理者は、旅行者から請求があった場合にはこの旅行業務取扱管理者証を提示しなければなりません。（常に提示する必要はありません。）

5　旅行業務の取扱いの料金・旅行業約款

　旅行業法の目的の１つである「取引の公正の維持」を達成するために、「旅行業法第 12 条」から「同第 12 条の 9」にかけて設けられている取引準則といわれる規定があります。そのうち、旅行業務の取扱いの料金と旅行業約款は、旅行業者が独自に定め、旅行者に示す義務がある点で共通しています。いずれも試験では高い出題率となっており、比較しながらしっかりと理解しておきましょう。

| Point1　旅行業務の取扱いの料金 |

　旅行業務の取扱いの料金とは、旅行業者が旅行者から収受する対価（手数料・報酬）を「旅行業務の取扱いの料金」といいます。例えば、宿泊予約をした場合の手配料金、旅券の申請等について支払う渡航手続代行料金、契約の変更・解除に伴う、変更・取消手続料金などがこれに該当します。なお、募集型企画旅行（パッケージツアー）に関しては、あらかじめ旅行業務の取扱いの料金に相当する報酬部分が旅行代金に含まれているのが一般的です。

　旅行業務の取扱いの料金の掲示及び基準は以下の通りです。

①旅行業務の取扱いの料金の掲示等

　　旅行業務の取扱い料金は、事業の開始前に、旅行者から収受する料金を定め、これを営業所において旅行者に見やすいように掲示する。

②旅行業務の取扱いの料金の基準

　　旅行業務の取扱いの料金は、契約の種類及び内容に応じて定率、定額その他の方法により定められ、旅行者にとって明確でなければならない。なお、旅行業務の取扱いの料金の制定、変更に関しては、届出事項、認可事項ではなく、この基準に従って定めていればよいとされている。

③旅行業者代理業者の営業所における旅行業務の取扱いの料金の掲示

　　旅行業者代理業者は、自ら旅行業務の取扱いの料金を定めることはできない。所属旅行業者が定めたものを、その営業所において旅行者に見やすいように掲示する。

図表 I -5-1　旅行業務の取扱いの料金の例

内　　　容			料　　　金
手配料金	運送機関と宿泊機関などの手配が複合した場合	8 人以上の団体手配旅行の場合	旅行費用総額の 15%
		個人（上記以外の場合）	一件につき 5,000 円
	運送機関、宿泊機関の手配		一件につき 3,000 円
企画料金	8 人以上の団体手配旅行の場合		旅行費用総額の 3%
	個人（上記以外の場合）		一件につき 4,000 円
添乗員サービス料金（宿泊、交通費などの旅行実費を除く）			一人一日 20,000 円
途中　略			
連絡通信費	お客様の依頼により緊急に現地手配等の為の通信連絡を行った場合		一件につき 540 円

　約款とは、不特定多数の相手と取引することを前提として、画一的に処理するために、あらかじめ定型化された契約条項（契約の内容）です。旅行業約款とは、旅行業者と旅行者との契約条項のことになります。旅行業者は、旅行業約款を定め、登録行政庁の認可を受けなければなりません。

　その際に、旅行業約款が旅行業者にとって一方的に有利な内容にならないように、旅行者の正当な利益を害するおそれがないもの、取引に係る金銭の収受及び払戻しに関する事項、旅行業者の責任に関する事項などの認可基準が定められています。

　また、旅行業約款には以下の8項目を記載しなければなりません。

①旅行業務の取扱いの料金その他の旅行者との取引に係る金銭の収受に関する事項。
②運送、宿泊その他の旅行に関するサービスの提供について旅行者に対して交付する書面の種類及びその表示する権利の内容。
③契約の変更及び解除に関する事項。
④責任及び免責に関する事項。
⑤旅行中の損害の補償に関する事項。
⑥保証社員である旅行業者にあっては、所属する旅行業協会の名称及び所在地等。
⑦保証社員でない旅行業者にあっては、営業保証金を供託している供託所の名称及び所在地並びに旅行業務に関し取引をした者は、その取引によって生じた債権に関し当該営業保証金から弁済を受けることができること。
⑧その他旅行業約款の内容として必要な事項。

　旅行業者は、旅行業約款を定めた時に登録行政庁の認可を受けなければなりませんが、すでに定めた旅行業約款を変更しようとする時も同様に認可が必要となります。ただし、旅行業約款の記載事項のうち、以下のものについては「軽微な変更」として、認可を受けなおす必要はありません。

①保証社員の場合
　旅行業協会の名称または所在地の変更、弁済業務保証金からの弁済限度額の変更。
②保証社員でない場合
　供託所の名称または所在地の変更。

　なお、旅行業者等は、旅行業約款を営業所において、旅行者に見やすいように掲示するか、または閲覧することができるように備え置かなければなりません。旅行業者代理業者の場合は、自ら旅行業約款を定めることはできず、所属旅行業者が定めた旅行業約款を使用します。

　また、受託旅行業者の場合は、自らの旅行業約款だけでなく、委託旅行業者が定めた旅行業約款も同じように掲示または備え置かなければなりません。（「受託旅行業者」、「委託旅行業者」については p.27 参照。）

　観光庁長官及び消費者庁長官が定め、公示した約款を「標準旅行業約款」といいます。旅行業者が自らの旅行業約款として標準旅行業約款を定めた場合は、その約款は認可を受けたものとみなされます。また、旅行業者が現に定めている約款を標準旅行業約款と同じものに変更する場合も、同様に認可を受けたものとみなされます。

　旅行業約款は、本来、各旅行業者が自ら作成し、登録行政庁が内容を審査して認可するものです。しかし、旅行業者にとってこれを作成するのは相当の手間がかかり、一方の登録行政庁側にとっても、個別に審査するには相当の時間をかけなければならなくなります。これら双方の負担を軽減するとともに、適切な旅行業約款の普及を目的として定められたのが標準旅行業約款であり、実際にはほとんどの旅行業者が標準旅行業約款を採用しています。

6　取引条件の説明・書面の交付

　取引準則の中でもとりわけ出題率の高い、取引条件の説明と書面の交付について理解します。内容的には難しいものではありませんが、覚えなくてはならない項目がたくさんありますので、取引条件の説明事項と書面の記載事項、また、企画旅行契約と手配旅行契約等を比較しながら整理します。

Point1　取引の条件の説明

　旅行業者等は、旅行者と企画旅行契約、手配旅行契約その他の旅行業務に関し契約を締結しようとする時は、必ず「取引の条件の説明」を行わなければなりません。さらに、説明を行う時は、原則として一定の事項を記載した書面を交付しなければなりません。

　取引条件の説明は、以下の①または②のいずれかの方法によって行います。

①取引条件の説明書面を交付して説明する方法
　　旅行者に対し、旅行者が提供を受けることができる旅行に関するサービスの内容、旅行者が旅行業者等に支払うべき対価に関する事項、旅行業務取扱管理者の氏名などの国土交通省令・内閣府令で定める事項を記載した書面を交付することによって説明を行う。
　　※説明書面の交付に代えて、旅行者の承諾を得て、電子メールやインターネットなどによる「情報通信の技術を利用する方法」によって、これら書面に記載すべき事項を旅行者に提供・通知することができ、この場合、旅行業者等は書面を旅行者に交付したものとみなされる。具体的には、eメールでの書面記載事項の送信や、CD-ROM に記録して交付するなどの方法がある。
②口頭により説明する方法
　　旅行代金と引き換えに、旅行に関するサービスの提供を受ける権利を表示した書面（航空券、乗車船券、宿泊券など）を旅行者に交付する場合は、口頭による説明でよい。この時は、上記①に示した書面の交付は必要ない。
　　※これは、航空券や乗車船券など、それ自体で航空機や鉄道を利用することができ、すでに旅行者はこれらを利用する権利を得ているこので、あえて書面を交付することはないとされるため。

Point2　書面の交付

　旅行業者等は、契約の締結に至った場合には、旅行者に対し、遅滞なく以下の①または②の書面を交付しなければなりません。（いずれかを交付すればよいのであり、②を交付した場合には①の契約書面の交付は必要ありません。）なお、旅行相談業務に係る契約を締結した場合は、契約書面の交付は必要ありません。

①契約書面
　　提供すべき旅行に関するサービスの内容、旅行者が旅行業者等に支払うべき対価に関する事項、旅

行業務取扱管理者の氏名その他の国土交通省令・内閣府令で定める事項を記載した書面。

　※契約書面の交付に代えて、旅行者の承諾を得て、電子メールやインターネットなどによる「情報通信の技術を利用する方法」によって、これら書面に記載すべき事項を旅行者に提供・通知することができ、この場合、旅行業者等は書面を旅行者に交付したものとみなされる。

②旅行に関するサービスの提供を受ける権利を表示した書面

　　航空券や乗車船券、宿泊券など。

　契約締結前の取引条件の説明事項（口頭）、取引条件の書面記載事項と契約締結後の契約書面記載事項は以下の通りです。重複する項目が多いので、比較しながら区別して理解しましょう。特に、不要の項目（表中の[−]）に注目すると全体の把握に役立ちます。

図表 I -6-1　企画旅行契約における説明項目及び書面記載事項

項　　　目	取引条件の説明(口頭)	取引条件の説明書面	契約書面
①企画旅行を実施する旅行業者（以下「企画者」）の氏名または名称	○	○	○
②企画者の住所並びに登録番号	−	○	○
③企画者以外の者が企画者を代理して契約を締結した（する）場合は、その旨	○	○	○
④企画者以外の者が企画者を代理して契約を締結した（する）場合は、当該代理人の氏名または名称及び住所並びに登録番号	−	○	○
⑤当該契約に係る旅行業務を取り扱う営業所の名称及び所在地（外務員が書面を交付する場合にあっては、外務員の氏名並びにその所属する営業所の名称及び所在地）	−	○	○
⑥当該契約に係る旅行業務取扱管理者の氏名及び旅行者の依頼があれば旅行業務取扱管理者が最終的には説明を行う旨	−	○	○
⑦旅行の目的地及び出発日その他の日程	○	○	○
⑧旅行者が旅行業者等に支払うべき対価及びその収受の方法	○	○	○
⑨旅行者が⑧に掲げる対価によって提供を受けることができる旅行に関するサービスの内容	○	○	○
⑩⑧に掲げる対価に含まれていない旅行に関する経費であって旅行者が通常必要とするもの	○	○	○
⑪企画旅行（参加する旅行者の募集をすることにより実施するものに限る）の参加者数があらかじめ企画者が定める人員数を下回った場合に当該企画旅行を実施しないこととする時は、その旨及び当該人員数（最少催行人員）	○	○	○
⑫契約の申込方法及び契約の成立に関する事項	○	○	−
⑬契約の変更及び解除に関する事項	○	○	○
⑭責任及び免責に関する事項	○	○	○
⑮旅行中の損害の補償に関する事項	○	○	○
⑯旅行に参加する資格を定める場合にあっては、その旨及び当該資格	○	○	○
⑰⑨に掲げる旅行に関するサービスに専ら企画旅行の実施のために提供される運送サービスが含まれる場合にあっては、当該運送サービスの内容を勘案して、旅行者が取得することが望ましい輸送の安全に関する情報	○	○	○
⑱旅行の目的地を勘案して、旅行者が取得することが望ましい安全及び衛生に関する情報がある場合にあっては、その旨及び当該情報	○	○	○
⑲契約締結の年月日	−	−	○
⑳旅程管理業務を行うものが同行しない場合にあっては、旅行地における企画者との連絡方法	−	−	○

図表 I-6-2　企画旅行契約以外（手配旅行契約、渡航手続代行契約）における説明項目及び書面記載事項

項　　　目	取引条件の説明(口頭)	取引条件の説明書面	契約書面
①契約を締結する（した）旅行業者の氏名または名称	○	○	○
②契約を締結する（した）旅行業者の住所並びに登録番号	－	○	○
③旅行業者代理業者が所属旅行業者を代理して契約を締結する（した）場合は、その旨	○	○	○
④旅行業者代理業者が所属旅行業者を代理して契約を締結する（した）場合は、当該旅行業者代理業者の氏名または名称及び住所並びに登録番号	－	○	○
⑤当該契約に係る旅行業務を取り扱う営業所の名称及び所在地（外務員が書面を交付する場合にあっては、外務員の氏名並びにその所属する営業所の名称及び所在地）	－	○	○
⑥当該契約に係る旅行業務取扱管理者の氏名及び旅行者の依頼があれば旅行業務取扱管理者が最終的には説明を行う旨	－	○	○
⑦旅行の目的地及び出発日その他の日程	○	○	○
⑧旅行者が旅行業者等に支払うべき対価及びその収受の方法	○	○	○
⑨旅行者が⑧に掲げる対価によって提供を受けることができる旅行に関するサービスの内容	○	○	○
⑩⑧に掲げる対価に含まれていない旅行に関する経費であって旅行者が通常必要とするもの	○	○	○
⑪旅行業務の取扱いの料金に関する事項	○	○	○
⑫契約の申込方法及び契約の成立に関する事項	○	○	－
⑬契約の変更及び解除に関する事項	○	○	○
⑭責任及び免責に関する事項	○	○	○
⑮旅行中の損害の補償に関する事項	○	○	○
⑯旅行に参加する資格を定める場合にあっては、その旨及び当該資格	○	○	○
⑰旅行の目的地を勘案して、旅行者が取得することが望ましい安全及び衛生に関する情報がある場合にあっては、その旨及び当該情報	○	○	○
⑱契約締結の年月日	－	－	○

図表 I-6-3　「旅行相談契約」における取引条件の説明事項

項　　　目	取引条件の説明(口頭)	取引条件の説明書面	契約書面
①旅行者が旅行業者等に支払うべき対価及びその収受の方法	○	○	×[注]
②旅行者が①に掲げる対価によって提供を受けることができる旅行に関するサービスの内容	○	○	×[注]

注：契約書面はそもそも交付不要。

7 外務員・広告・標識

　ここでは、外務員、広告の表示に関する事項、及び標識等に関して学習します。特に、企画旅行の募集広告の表示事項については、これまで学習した取引条件の説明事項や書面の記載事項などと混同しないように、比較しながら正確に理解しましょう。

Point1　外務員

　外務員とは、旅行業者等の役員または使用人のうち、営業所以外の場所で、旅行業務について取引を行う者をいいます。外務員は、旅行業者等が発行する証明書（外務員証）を携帯しなければ、営業所以外の場所で旅行業務について取引を行うことができません。
　勧誘員、販売員、外交員等の名称が付いていても、旅行業者のために営業所以外の場所で旅行業務を行えば、法律上は外務員になります。また、外務員は、その業務を行う時は、旅行者からの請求の有無にかかわらず必ず外務員証を提示しなければなりません。

　また、外務員は、旅行業者等に代わって、旅行者との旅行業務に関する取引についての一切の裁判以外の行為を行う権限を有するものとみなされます。「一切の裁判以外の行為を行う権限」があるというのは、訴訟の提起や裁判で主張や立証をするなど法廷での行為を除いてすべてできるという意味です。外務員が取り扱った旅行業務で、旅行者との契約トラブルが生じた場合に、旅行業者等の責任回避を防ぐために、「外務員は旅行業務全般についての行為を行う権限を有する」とみなし、旅行者の保護を図っています。ただし、旅行者側が、外務員に権限がないことを知りながら（悪意）取引を行った場合は、旅行業者等はその取引にかかわる責任を負う必要はありません。

Point2　広告

　企画旅行（募集型企画旅行）の募集広告とは、企画旅行に参加する旅行者を募集するための広告（例えば新聞に掲載されるツアー広告など）のことです。無形である旅行商品を販売する時には、商品の内容や取引条件を正確に旅行者に伝えなければならないことから、この広告について旅行業法では「表示方法」と「表示事項」を定めています。

　旅行業者等が、企画旅行の募集をするための広告をする時は、以下の2点に注意して行わなければなりません。
　①企画者以外の者の氏名または名称を表示する場合、文字の大きさ等に留意して、企画者の氏名または名称の明確性を確保しなければならない。
　②旅行者が支払うべき対価が出発日により異なる場合、最低額を表示する時はあわせて最高額も表示しなければならない。

また、旅行業者等が、企画旅行の募集をするための広告をする時は、以下の8項目（①～⑧）を表示しなければなりません。

①企画者の氏名または名称及び住所並びに登録番号。

②旅行の目的地及び日程に関する事項。

③旅行者が提供を受けることができる運送、宿泊または食事のサービスの内容に関する事項。

④旅行者が旅行業者等に支払うべき対価に関する事項。

⑤旅程管理業務を行う者の同行の有無。

⑥企画旅行の参加者数があらかじめ企画者が定める人員数を下回った場合に当該企画旅行を実施しないこととする時は、その旨及び当該人員数（最少催行人員）。

⑦上記③に掲げるサービスに専ら企画旅行の実施のために提供される運送サービスが含まれる場合にあっては、当該運送サービスの内容を勘案して、旅行者が取得することが望ましい輸送の安全に関する情報。

⑧取引条件の説明を行う旨（取引条件の説明事項をすべて表示して広告する場合を除く）。

Point3　誇大広告の禁止

参加者を募集するための広告であるかどうかを問わず、旅行業者等は旅行業務について広告をする時は、著しく事実に相違するような表示、実際のものよりも著しく優良、もしくは有利であると誤認させるような表示をしてはなりません。「誇大表示をしてはならない事項」として以下の8項目が定められています。

①旅行に関するサービスの品質その他の内容に関する事項。

②旅行地における旅行者の安全の確保に関する事項。

③感染症の発生の状況その他の旅行地における衛生に関する事項。

④旅行地の景観、環境その他の状況に関する事項。

⑤旅行者が旅行業者等に支払うべき対価に関する事項。

⑥旅行中の旅行者の負担に関する事項。

⑦旅行者に対する損害の補償に関する事項。

⑧旅行業者等の業務の範囲、資力または信用に関する事項。

Point4　標識

標識とは、一般に登録票と呼ばれるもので、その旅行業者等がどのような登録を受けているのか、つまり、業務内容を判別できるようにするためのものです。旅行業者等は、営業所において、必ず標識を公衆に見やすいように掲示しなければなりません。公衆とある通り、旅行者だけではないことに注意が必要です。標識は必ず掲示しなければならず、備え置きは認められていません。

また、旅行業者等以外の者は、標識またはこれに類似する標識を掲示してはなりません。

標識の種類としては、「旅行業」と「旅行業者代理業」の別、及び業務範囲（「国内旅行のみを取り扱う」か「それ以外（海外旅行のみ、海外旅行と国内旅行の両方）を取り扱う」）の別によって4種類が定められています。標識の地の色は、旅行業者も旅行業代理業者も国内旅行のみの場合は白色、それ以外の場合は青色となります。

標識に記載される項目も以下の通り規定されています。「旅行業」か「旅行業者代理業」かによって若干異なります。

図表Ⅰ-7-1　標識の記載事項

記載事項	旅　行　業	旅行業者代理業
①登録番号	○	○
②登録年月日	○	○
③有効期間	○	×
④所属旅行業者登録番号及び氏名または名称	×	○
⑤氏名または名称	○	○
⑥営業所の名称	○	○
⑦旅行業務取扱管理者の氏名	○	○
⑧受託取扱企画旅行（受託契約を締結していない場合は省略）	○	○

8 旅 程 管 理

　旅行業法では、旅行の安全の確保、及び旅行者の利便の増進を図るため、企画旅行において旅程管理業務を行うことを旅行業者に義務付けています。

Point1　旅程管理の措置

　企画旅行（募集型・受注型）の特徴は、旅行業者が旅行計画を自ら定めることができる点にあります。旅行業者自身が旅行計画を作成するのですから、その旅行の円滑な実施のために責任を負わなければなりません。旅程管理とは、企画旅行を実施する場合の円滑な実施を確保するための措置で、旅行業者はいくつかの義務を課されています。その具体的な措置として、以下の4項目が規定されています。

①旅行サービスの確実な提供を確保するため、旅行の開始前に必要な予約、その他の措置。

②旅行地において、旅行サービスの提供を受けるために必要な手続きの実施、その他の措置。

③旅行サービスの内容の変更を必要とする事由が生じた場合の代替手配や必要な手続きの実施、その他の措置。

④ 2人以上の旅行者が同一日程により行動することを要する区間における、円滑な旅行の実施を確保するために必要な集合時刻、集合場所その他の事項に関する指示。

　なお、国内の企画旅行の場合において、以下の2つの条件をいずれも満たす時に限り、上記②及び③の措置は免除されます。（海外企画旅行では免除されず、必ず実施することになります。）

【条件①】契約締結前に「旅行業者は当該措置を講じない」旨の説明を旅行者に対して行うこと。

【条件②】旅行に関する計画に定めるサービスの提供を受ける権利を表示した書面（航空券や宿泊券など）を旅行者に交付すること。

Point2　旅程管理業務を行う者

　旅程管理業務を確実に遂行するための手段として、「旅程管理業務を行う者（一般的にいう添乗員、ツアーコンダクターのこと）」を同行させる方法が規定されています。旅程管理業務を行う者のうち主任の者については一定の資格要件が定められており、実務上は「旅程管理主任者」と呼ばれます。旅程管理主任者になるためには、以下の3つの条件をすべて満たすことが必要になります。

①旅行業の登録の拒否事由のうち①~⑤〔p.10〕に該当していない者

②登録研修機関の旅程管理研修を修了している者

③以下の1）または2）のいずれかの旅程管理業務に関する実務の経験を有する者

　1）上記②の研修の課程を修了した日の前後1年以内に1回以上の旅程管理業務に従事

　2）上記②の研修の課程を修了した日から3年以内に2回以上の旅程管理業務に従事

9　受託契約・旅行業者代理業者

　受託契約や旅行業者代理業者は、これまで何度となく登場してきました。ここでは、改めて受託契約の仕組み、旅行業者代理業者の位置付けをしっかりと理解しましょう。

Point1　受託契約

　受託契約とは、他の旅行業者が実施する企画旅行（募集型企画旅行）について、当該他の旅行業者を代理して企画旅行契約を締結することを内容とした契約です。自社の募集型企画旅行をできるだけ多くの旅行業者に代理販売してもらおうとする販売促進のための仕組みだと考えることができます。また、旅行業者の中には、旅行の企画・実施を中心に行い、他の旅行業者に販売を委託する会社や、一方、他社が企画・実施した商品を受託して販売することを中心にした会社もあります。

図表Ⅰ-9-1　受託契約の仕組み

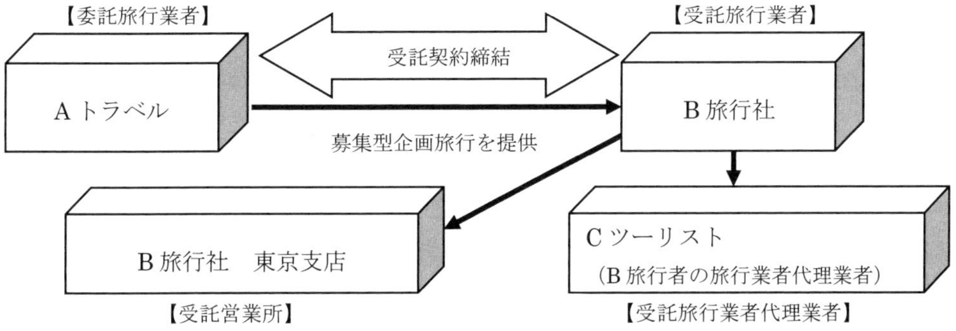

　受託契約において、例えば、Aトラベルが実施する募集型企画旅行をB旅行社の営業所で代理販売してもらうために両社間で受託契約を締結した場合、代理販売を依頼するAトラベルを委託旅行業者、代理して販売を行うB旅行社を受託旅行業者といいます。

　B旅行社は、Aトラベルを代理して旅行者と契約を締結することになり、本来であれば、旅行業者代理業者としての登録が必要になるはずですが、旅行業法では旅行業者が他の旅行業者と受託契約を締結した場合は、旅行業者代理業の登録は受けなくてもよいことになっています。

　受託契約の締結に当たり、旅行業法では以下の2点を定めています。

①受託営業所

　　委託旅行業者及び受託旅行業者は、代理販売をさせることのできる受託旅行業者の営業所を、受託契約において定めておかなくてはならない。この営業所のことを受託営業所という。（上図表の「B旅行社　東京支店」。）

②受託旅行業者代理業者

　　受託契約において、受託旅行業者の旅行業者代理業者にも、代理販売をさせる旨の定めをした場合に限り、当該旅行業者代理業者においても委託旅行業者を代理して企画旅行契約を締結することが

できる。このように「代理販売ができる旅行業者代理業者」として定められた者を、受託旅行業者代理業者という。（図表Ⅰ-9-1の「Cツーリスト」。）

なお、受託契約は旅行業者間で結ばれるもので、旅行業者代理業者は自らが直接受託契約を締結することはできません。受託契約における留意点として以下の3点を確認しておきましょう。

①委託旅行業者は、募集型企画旅行を実施してさえいれば登録業務範囲に制限なく他の旅行業者と受託契約を締結することができる。したがって、第3種旅行業者が委託、第1種旅行業者が受託をするというケースもあり得る。
②受託旅行業者や受託旅行業者代理業者は、営業所に委託旅行業者の約款を掲示または備え置かなければならない。
③受託旅行業者や受託旅行業者代理業者は、営業所の標識の「受託取扱企画旅行」の欄に、委託旅行業者の名称を記載しなければならない。

| Point2　旅行業者代理業者 |

旅行業者代理業とは、報酬を得て、旅行業者のために、旅行業者の行う一定の行為（旅行に関する相談に応ずる行為を除く）について、代理して契約を締結する行為を行う事業をいいます。この旅行業者代理業を営むために登録を受けた者を、旅行業者代理業者、この旅行業者代理業者と業務委託契約を結んだ旅行業者を所属旅行業者といいます。
　※旅行業者を指して'旅行代理店'といわれることがありますが、これは俗称であり法律用語ではありません。旅行業者代理業者と混同しないように注意しましょう。

図表Ⅰ-9-2　旅行業者代理業者の位置付け

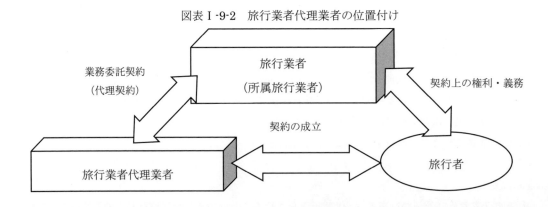

上図表に示す通り、旅行業者代理業者は、所属旅行業者の代理人にすぎず、契約上の権利や義務は所属旅行業者に帰属します。つまり、契約の成立の場にいるのは旅行業者代理業者ですが、法律上は旅行者と所属旅行業者が契約を締結したことになります。したがって、旅行者に対し、旅行サービスを提供する手配義務を負うのも、旅行者から旅行代金を収受する権利を得るのも所属旅行業者ということになります。

旅行業者と旅行業者代理業者では明確な法律上の違いがあります。しかし、旅行者がその違いを認識するのは難しく、また旅行業者代理業者としても営業上の理由で本来ならば行ってはならない業務を引き受けてしまう危険性もあります。このような事態を防ぎ、旅行者を保護するため、以下のような規制を設けています。

①所属旅行業者以外の旅行業者のために旅行業務を取り扱ってはならない。（「受託旅行業者代理業者」として募集型企画旅行の契約を締結する場合を除く。）

②旅行業務に関し取引をしようとする時は、所属旅行業者の氏名または名称及び旅行業者代理業者である旨を明示しなければならない。

③営業が旅行業であると誤認させ、または所属旅行業者を誤認させるような表示、広告等をしてはならない。この規制に反した場合、登録行政庁は、旅行業者代理業者に対し、誤認させないようにするための措置をとるべきことを命ずることができる。

Point3　旅行業者代理業者の責任と登録の失効

旅行業者代理業者が、旅行業務について旅行者に損害を加えた時は、所属旅行業者が賠償する責任を負います。ただし、所属旅行業者がその旅行業者代理業者への委託について相当の注意をし、かつ、損害の発生の防止に努めた時は、責任を免れます。

旅行業者代理業者の登録の有効期限については規定がありませんが、以下の2つの場合には登録失効となります。

①所属旅行業者のために旅行業務を取り扱うことを内容とする契約が失効した時。

②所属旅行業者が、旅行業の登録を抹消された時。

旅行業者代理業者における留意点として以下の6点を確認しておきましょう。

①登録の有効期間についての定めがないので、更新登録は必要ない。

②企画旅行の実施、旅行相談業務はできない。

③財産的基礎は必要ない。

④営業保証金の供託は必要ない。

⑤旅行業務の取扱い料金は所属旅行業者のものを使用する。

⑥旅行業約款は所属旅行業者のものを使用する。

10 旅行業協会・弁済業務保証金制度

　旅行業協会は、旅行業法の目的の達成のために、重要な役割を果たしています。旅行業協会の業務の中でも特に重要なのが弁済業務です。弁済業務保証金制度は、すでに学習した営業保証金制度と比較しながらしっかりと理解しましょう。

Point1　旅行業協会

　旅行業法第1条で、旅行業法の目的を達成するための手段として「旅行業等を営む者が組織する団体の適正な活動の促進」が規定されていますが、この「団体」が旅行業協会のことです。旅行業協会とは、旅行業者等によって組織され、観光庁長官から一定の業務を行うことにつき指定を受けた団体をいいます。現在、旅行業協会としての指定を受けているのは、「日本旅行業協会（JATA）」と「全国旅行業協会（ANTA）」の2団体です。なお、旅行業協会に加盟している旅行業者等を「社員」といいます。
　旅行業協会は、以下の①～⑤に掲げる業務を適正かつ確実に実施しなければならないと規定されています。

①旅行者やサービス提供者からの旅行業者等の取り扱った旅行業務に対する苦情の解決。
②旅行業務の取扱いに従事する者に対する研修。
　（社員以外の旅行業者等の従業員も含め、一定の課程の研修を実施。）
③旅行業務に関し社員である旅行業者またはその旅行業者代理業者と取引をした旅行者に対しその取引によって生じた債権に関し弁済をする業務（弁済業務）。
④旅行業務の適切な運営を確保するための旅行業者等に対する指導。
⑤旅行業務に関する取引の公正の確保、旅行業等の健全な発達を図るための調査、研究及び広報。

　上記①の通り、旅行業協会は、旅行者または旅行サービス提供者（宿泊機関や運送機関など）から旅行業者等が取り扱った旅行業務に関する苦情について解決の申出があった場合、以下のような解決策を講じなければなりません。

①相談に応じ、申出人に必要な助言をし、苦情に係る事情を調査するとともに、その旅行業者等に内容を通知して、迅速な処理を求めなければならない。（社員以外の旅行業者等が扱った業務に関する苦情も対象とする。）
②必要があると認める時は、旅行業者等に対し、文書もしくは口頭による説明を求め、または資料の提出を求めることができる。（旅行業協会ができるのはここまでで、立ち入り調査等、これ以上の強制力のある行為はできない。）
③社員は、旅行業協会から前項②に規定された「文書もしくは口頭による説明」、「資料の提出」の求めがあった時、正当な理由なくこの求めを拒んではならない。
④旅行業協会は、苦情の申出、苦情に係る事情及びその解決の結果について、社員に周知させなければならない。（社員以外の旅行業者等が扱った業務に関する苦情も解決の対象とするが、その結果を

周知するのは社員のみと規定されている。）

Point2　弁済業務保証金制度

すでに学習した通り、旅行業者は営業保証金を供託することが義務付けられていますが、その額は決して小さいものではありません。弁済業務保証金制度とは、この負担を軽減し、かつ営業保証金と同様に旅行者の保護を図るために採用されている制度です。

旅行業協会に加入し、旅行業協会に対して弁済業務保証金分担金を納付した旅行業者を「保証社員」といいます。この時に納付する弁済業務保証金分担金の額は、営業保証金の5分の1相当となります。これにより、保証社員は営業保証金の供託を免除されます。（旅行業協会に加入する前に営業保証金を供託していた場合は、公告などの一定の手続きの後、営業保証金を取り戻すことができます。）

弁済業務保証金分担金は、定められた期限までに旅行業協会に納付しなければなりません。弁済業務保証金分担金は、営業保証金と異なり、納付できるのは金銭のみです。

図表 I -10-1　弁済業務保証金分担金の納付期限

納付の事由	納付の期限
①旅行業者が旅行業協会に加入しようとする時	加入しようとする日まで
②事業年度終了後において取引額の増加により弁済業務保証金分担金の額が増加する時	事業年度終了の日の翌日から 100 日以内
③変更登録（登録業務範囲の変更）により弁済業務保証金分担金の額が増加する時	変更登録を受けた日から 14 日以内
④弁済業務規約の変更により弁済業務保証金分担金の額が増加する時	弁済業務規約に定められた日まで

上図表の②～④に該当する事由の場合、定められた期限内に弁済業務保証金分担金を納付しない時は、旅行業協会の社員の地位を失います。

また、保証社員は、旅行業約款に「弁済業務保証金から弁済を受けることができること」、「弁済業務保証金からの弁済限度額」、「営業保証金を供託していないこと」などを明示しておかなければなりません。

弁済業務保証金分担金の納付を受けた旅行業協会は、その日から7日以内に、最寄りの供託所に、納付を受けた額に相当する額の弁済業務保証金を供託します。なお、預ける際には、金銭の他、有価証券等でもよいとされています。

弁済業務保証金の還付対象になるのは、保証社員または保証社員を所属旅行業者とする旅行業者代理業者と旅行業務に関して取引をした旅行者のみとなります。旅行者保護の制度である点は営業保証金と同様です。

弁済を受ける（還付）には、まず旅行業協会に申し出て、認証を受けなければなりません。審査の後、その債権が旅行業者等との旅行業務に関する取引から生じたものであると確認できれば、旅行業協会はその債権を認証します。この認証がなされると、旅行者は供託所に弁済業務保証金の還付請求を行うことができるようになります。

弁済業務保証金からの弁済限度額は、その旅行業者が保証社員でなかった場合に供託すべき営業保証

金の額を下ることができないと規定されています。これは、旅行者が実際に弁済を受けられる限度額は営業保証金の額と同額以上でなくてはならないということであり、保証社員と取引をする旅行者は営業保証金制度と同様の保護を受けられることになっています。

　還付があった場合、供託所から旅行業協会に通知があり、協会は還付のあった日から 21 日以内に、還付額と同額の弁済業務保証金を供託しなければなりません。そのため、協会は保証社員に対して、還付額に相当する還付充当金を協会に納付するよう通知します。通知を受けた保証社員は、通知を受けた日から 7 日以内に還付充当金を納付しなければならず、納付できない時には旅行業協会の社員の地位を失います。

　旅行業協会は、以下の 3 つの場合に弁済業務保証金を取り戻すことができます。(取り戻した後は、保証社員または保証社員であった者に返還します。)

①保証社員の地位を失った場合。(6 か月を下らない期間の公告が必要となる。)
②事業年度の終了後の取扱額が減少して、弁済業務保証金分担金の額が減少した場合。
③保証社員が変更登録をして、弁済業務保証金分担金の額が減少した場合。(6 か月を下らない期間の公告が必要となる。)

図表 I -10-2　弁済業務保証金の流れ

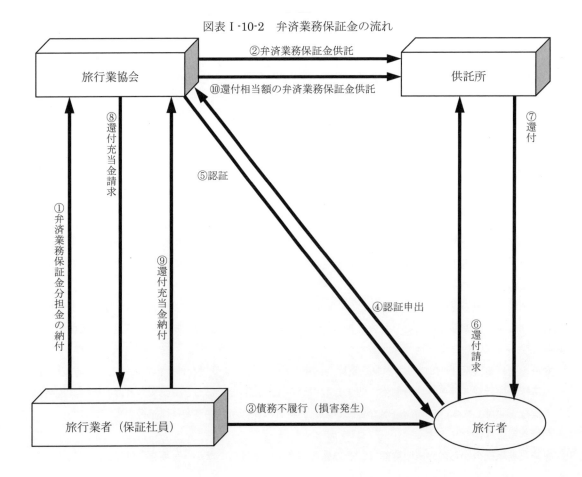

11 禁止行為・行政処分等

　旅行業務取扱管理者として、どのような行為が禁止行為に当たるのか把握していなければなりません。禁止行為は「旅行業者等の禁止行為」、「従業員等の禁止行為」、「名義利用等の禁止」等が規定されています。業務改善命令と合わせてしっかりと理解しましょう。

| Point1　禁止行為 |

　旅行業法では、旅行業務の取扱いに関して旅行業者等が行ってはならない行為として、以下の３項目を規定しています。

①営業所に掲示した旅行業務の取扱い料金を超えて料金を収受する行為。
②旅行業務に関し取引をした者に対し、その取引に関する重要な事項について、故意に事実を告げず、または不実のことを告げる行為。
③旅行業務に関し取引をした者に対し、その取引によって生じた債務の履行を不当に遅延する行為。

　また、旅行業者等及びその代理人、使用人、その他の従業員については、以下の行為が禁止されています。

①旅行者に対し、旅行地において施行されている法令に違反する行為を行うことを斡旋し、またはその行為を行うことに関し便宜を供与する行為。
②旅行者に対し、旅行地において施行されている法令に違反するサービスの提供を受けることを斡旋し、またはその提供を受けることに関し便宜を供与する行為。
③上記①及び②の斡旋または便宜の供与を行う旨の広告をし、またはこれに類する広告をする行為
④旅行者の保護に欠け、または旅行業の信用を失墜させる行為。（以下の２項目が具体例。）
　1）運送サービス（専ら企画旅行の実施のために提供されるものに限る）を提供する者に対し、輸送の安全の確保を不当に阻害する行為。
　2）旅行者に対し、旅行地において特定のサービスの提供を受けること、または特定の物品を購入することを強要する行為。

さらに、旅行業法では、以下のような旅行業者等の名義を他人に利用させる行為を禁止しています。

①旅行業者等が、その名義を他人に旅行業または旅行業者代理業のため利用させる行為。
②営業の貸渡しその他いかなる方法をもってするかを問わず、旅行業または旅行業者代理業を他人にその名において経営させる行為。

　旅行業等は、登録制度によってその資格を満たした者だけが営業を許されているので、名義を他人に利用させる行為を認めてしまうと、条件を満たしていない者でも事実上営業が可能となり、登録制度が

形骸化してしまいます。したがって、旅行業法では名義利用等の行為を一切禁止しています。

Point2 業務改善命令

業務改善命令とは、登録行政庁が旅行業者等の業務の運営に関し、取引の公正、旅行の安全または旅行者の利便を害する事実があると認める時に、旅行業者等に対し以下の6項目の措置をとるよう命ずることです。

①旅行業務取扱管理者を解任すること。

②旅行業務の取扱い料金、企画旅行の対価を変更すること。

③旅行業約款を変更すること。

④企画旅行の円滑な実施のための措置（旅程管理業務）を確実に実施すること。

⑤旅行者に生じた損害を賠償するために必要な金額を担保し得る保険契約を締結すること。

⑥前述①~⑤のほか、業務の運営の改善に必要な措置をとること。

Point3 業務停止・登録の取消し

登録行政庁は、旅行業者等が以下の項目に該当する場合、業務の全部もしくは一部の停止を命じ、または登録の取消しをすることができます。業務停止の場合の期間は6か月以内に限られます。その他、旅行業者等が登録を受けてから1年以内に事業を開始せず、または引き続き1年以上事業を行っていないと認める時は、登録を取り消すことができます。

①旅行業法等に基づく処分に違反した時。

②登録の拒否事由に該当することとなった時、または登録当時に登録の拒否事由に該当していたことが判明した時。

③不正の手段により新規登録、更新登録、変更登録を受けた時。

Point4 罰則

旅行業者等が旅行業法に違反した場合、その違反の内容によって100万円以下、50万円以下、30万円以下の罰金、または20万円以下の過料が科されることがあります。

図表Ⅰ-11-1　旅行業者等に対する罰金（抜粋）

罰金額	罰則の対象
100万円以下	①登録をせずに旅行業を営んだ者
	②不正の手段により登録（新規・更新・変更）を受けた者
	③変更登録を受けずに業務の範囲を変更した者
	④営業保証金の供託（追加供託を含む）の届出をせずに事業を開始した者
	⑤旅行業等の名義を他人に利用させ、または旅行業等を他人に経営させた者
	⑥所属旅行業者以外の旅行業者のために代理して旅行業務を取扱った旅行業者代理業者

Ⅱ部

標準旅行業約款、運送・宿泊約款

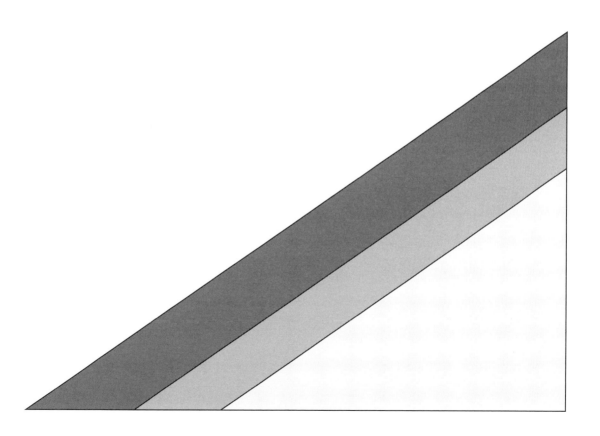

1　標準旅行業約款　募集型企画旅行契約の部（契約の申込みと成立）

　標準旅行業約款は、観光庁長官及び消費者庁長官が定め、公示した約款で、旅行業法の規定では、旅行業者がこれと同一の約款を定めた時は、認可を受けたものとみなされ、現在ほとんどの旅行業者がこれと同じ約款を定めています。募集型企画旅行とは、いわゆる「パッケージツアー」のことです。「募集型企画旅行契約の部」では旅行者と旅行業者がパッケージツアーの契約を締結し実施する過程の関係を規定しています。ここでは旅行者が契約を申し込んでから、旅行を開始するまでの通常の過程を学習します。

Point1　総則（適用範囲と定義）

　旅行業者が旅行者との間で締結する募集型企画旅行契約は、約款の定めるところによります。約款に定めのない事項については、法令または一般に確立された慣習によります。ただし、旅行業者が法令に反せず、かつ、旅行者の不利にならない範囲で書面により特約を結んだ時は、特約が優先します。

　つまり、この3つの関係は　特約⇒約款⇒法令・一般に確立された慣習　の順で適用されます。

　まずは、約款に使用される用語の定義を確認しましょう。

① 「募集型企画旅行」とは、旅行業者が、旅行者の募集のためにあらかじめ旅行の目的地及び日程、旅行者が提供を受けることができる運送または宿泊のサービスの内容、並びに旅行者が旅行業者に支払うべき旅行代金の額を定めた旅行に関する計画を作成し、これにより実施する旅行をいう。

② 「国内旅行」とは本邦内のみの旅行をいい、「海外旅行」とは国内旅行以外の旅行をいう。

③ 「通信契約」とは、旅行業者が、旅行業者または旅行業者を代理して募集型企画旅行を販売する会社が提携するクレジットカード会社のカード会員との間で、電話、郵便、ファクシミリその他の通信手段による申込みを受けて締結する募集型企画旅行契約であって、旅行業者が旅行者に対して有する募集型企画旅行契約に基づく旅行代金等に係る債権または債務を、カード会員規約に従って決済することについて、旅行者があらかじめ承諾し、かつ旅行代金等を所定の伝票への旅行者の署名なくして支払うことを内容とする募集型企画旅行契約をいう。

④ 「電子承諾通知」とは、契約の申込みに対する承諾の通知であって、情報通信の技術を利用する方法のうち旅行業者または旅行業者の募集型企画旅行を、代理して販売する会社が使用する電子計算機等と旅行者が使用する電子計算機等とを接続する電気通信回線を通じて送信する方法により行うものをいう。

⑤ 「カード利用日」とは、旅行者または旅行業者が募集型企画旅行契約に基づく旅行代金等の支払いまたは払戻債務を履行すべき日をいう。

Point2　契約の申込み〜成立

契約の申込みは、以下の2通りの方法があります。

図表Ⅱ-1-1　契約の種類と申込みの内容

契約の種類	申込みの内容
通常の契約 （店頭での契約など）	所定の「申込書」に所定の事項を記入し、「申込金^注」とともに、旅行業者に提出する。
通信契約	申込みをしようとする募集型企画旅行の名称、旅行開始日、会員番号その他の事項（以下「会員番号等」）を旅行業者に通知する。

注：旅行代金または取消料もしくは違約料の一部として取り扱われる。

なお、募集型企画旅行の参加に際し、特別な配慮を必要とする旅行者が、契約の申込時に申し出ていれば、旅行業者は可能な範囲内でこれに応じます。これに係る費用は、旅行者の負担となります。

Point3　成立

契約の成立時期は、契約の種類に応じて以下の3通りとなります。

図表Ⅱ-1-2　契約の種類と契約の成立時期

契約の種類		契約成立時期
通常の契約（店頭での契約など）		旅行業者が契約の締結を承諾し、申込金を受理した時に成立。
通信契約	通常の承諾 （郵送による承諾など）	旅行業者が契約の締結を承諾する旨の通知を発した時に成立。
	電子承諾通知	当該通知が旅行者に到達した時に成立。

旅行業者は、電話、郵便、ファクシミリその他の通信手段による予約を受け付けますが、予約の時点では契約は成立しておらず、旅行者は、旅行業者が予約の承諾の旨を通知した後、所定の期間内に、旅行業者に申込書と申込金を提出または会員番号等を通知しなければなりません。

申込書と申込金の提出があった時または会員番号等の通知があった時は、募集型企画旅行契約の締結の順位は、予約の受付の順位によることとなります。なお、旅行者が申込金を提出しない場合または会員番号等を通知しない場合は、旅行業者は、予約がなかったものとして取り扱います。

Point4　契約締結の拒否

旅行業者は、以下の8つの事由のいずれかに該当する場合、契約の締結を拒否することができます。

①旅行業者があらかじめ明示した性別、年齢等の参加旅行者の条件を、旅行者が満たしていない時。
②応募旅行者数が募集予定数に達した時。
③旅行者が他の旅行者に迷惑を及ぼし、または団体行動の円滑な実施を妨げるおそれがある時。
④通信契約を締結しようとする場合、旅行者の有するクレジットカードが無効である等、旅行者が旅行代金等に係る債務の一部または全部を提携会社のカード会員規約に従って決済できない時。

⑤旅行者が、暴力団員、暴力団準構成員、暴力団関係者、暴力団関係企業または総会屋等その他の反社会的勢力であると認められる時。

⑥旅行者が、旅行業者に対して暴力的な要求行為、またはこれらに準ずる行為、不当な要求行為、取引に関して脅迫的な言動もしくは暴力を用いる行為等を行った時。

⑦旅行者が、風説を流布し、偽計を用いもしくは威力を用いて旅行業者の信用を毀損しもしくは旅行業者の業務を妨害する行為、またはこれらに準ずる行為を行った時。

⑧その他旅行業者の業務上の都合がある時。

Point5　契約の成立後

　旅行業者は、契約の成立後速やかに、旅行者に、旅行日程、旅行サービスの内容、旅行代金その他の旅行条件及び旅行業者の責任に関する事項を記載した書面（「契約書面」）を交付します。旅行業者が募集型企画旅行契約により手配し旅程を管理する義務を負う旅行サービスの範囲は、この契約書面に記載するところによります。

　また、契約書面において、確定された旅行日程、運送もしくは宿泊機関の名称を記載できない場合には、契約書面において利用予定の宿泊機関及び表示上重要な運送機関の名称を限定して列挙した上で、契約書面交付後、旅行開始日の前日までの契約書面に定める日までに、これらの確定状況を記載した書面（「確定書面」）を交付します。

　ただし、旅行開始日の前日から起算してさかのぼって7日目に当たる日以降に募集型企画旅行契約の申込みがなされた場合にあっては、旅行開始日までの契約書面に定める日までに交付します。

図表Ⅱ-1-3　契約書面・確定書面の例

【契約書面】

1日目：○○湿原と▲▲湖周辺散策
2日目：××博物館美術館見学
日程が入れ替わることがあります。
・A航空またはJ航空利用
・XホテルまたはY旅館
確定書面は○月×日までに交付します。

【確定書面】

1日目：××博物館見学
2日目：○○湿原と▲▲湖周辺散策
・往復ともにA航空
・1泊目Xホテル、2泊目Y旅館

　確定書面を交付した場合には、旅行業者が手配し旅程を管理する義務を負う旅行サービスの範囲は、確定書面に記載するところに特定されます。

　なお、確定書面を交付する場合、手配状況の確認を希望する旅行者から問い合わせがあった時は、確定書面交付前であっても、旅行業者は迅速かつ適切にこれに回答しなければなりません。

　旅行業者が交付する「契約書面」や「確定書面」は紙の書面である必要はありません。あらかじめ旅行者の承諾を得て、情報通信の技術を利用する方法により記載事項を提供することもできます。

　旅行者は、旅行開始日までの契約書面に記載する期日までに、旅行業者に対し、契約書面に記載する金額の旅行代金を支払わなければなりません。通信契約を締結した時は、旅行業者は、旅行者の署名なく提携会社のカードにより契約書面に記載する金額の旅行代金の支払いを受け、契約成立日にカードにより支払いがあったものとみなします。

2　標準旅行業約款　募集型企画旅行契約の部（契約の変更と解除）

　契約が成立した場合、旅行業者と旅行者はその契約に拘束されますが、一定の事情があれば旅行業者は契約内容を変更することができます。また、旅行者と旅行業者の双方から契約を解除することができます。ここでは契約の変更と解除について理解します。

Point1　契約内容の変更

　旅行業者は、天災地変、戦乱、暴動、運送・宿泊機関等の旅行サービス提供の中止、官公署の命令、当初の運行計画によらない運送サービスの提供その他の旅行業者の関与し得ない事由が生じた場合、旅行の安全かつ円滑な実施を図るためやむを得ない時は、旅行者にあらかじめ速やかにその事由が旅行業者の関与し得ないものである理由及びその事由との因果関係を説明して、契約内容を変更することがあります。

　ただし、緊急の場合において、やむを得ない時は、変更後に説明します。この場合、説明を省くことはできませんが、旅行者の同意や承諾は不要です。

Point2　旅行代金の額の変更

　募集型企画旅行において、以下の 3 つのケースに該当する時は、旅行代金を変更する時があります。

①著しい経済情勢の変化等による、通常想定される程度を大幅に超えた増額・減額
　　募集型企画旅行において利用する運送機関について適用される運賃・料金が、著しい経済情勢の変化等により、募集の際に公示されている運賃・料金に比べて、通常想定される程度を大幅に超えて増額または減額される場合、旅行業者は、その増額または減額される金額の範囲内で旅行代金の額を増加し、または減少することができる。この理由により旅行代金を増額する時は、旅行開始日の前日から起算してさかのぼって 15 日目に当たる日より前に旅行者にその旨を通知する。なお、旅行業者は運賃・料金の減額がなされる時は、減少額だけ旅行代金を減額する。

②「契約内容の変更」による旅行の実施に要する費用の減少・増加が生じる場合
　　旅行業者は、上記の「契約内容の変更」により旅行の実施に要する費用の減少または増加が生じる場合には、契約内容の変更の際にその範囲内において旅行代金の額を変更することがある。契約内容を変更したために提供を受けなかった旅行サービスについて取消料、違約料が必要な時は、その額も旅行者の負担となり増額の対象となる。

③利用人員が変更になった場合
　　旅行業者は、運送・宿泊機関等の利用人員により旅行代金が異なる旨を契約書面に記載した場合、契約の成立後に旅行業者の責に帰すべき事由によらず利用人員が変更になった時は、契約書面に記載したところにより旅行代金の額を変更することがある。

Point3　旅行者の交替

　旅行業者と募集型企画旅行契約を締結した旅行者は、旅行業者の承諾を得て、契約上の地位を第三者に譲り渡すことができます。つまり、参加者を変更できるということです。その際に旅行者は、所定の用紙に所定の事項を記入の上、所定の金額の手数料とともに、旅行業者に提出しなければなりません。

　契約上の地位の譲渡は、旅行業者の承諾があった時に効力を生ずるものとし、以後、旅行契約上の地位を譲り受けた第三者は、旅行者の当該募集型企画旅行契約に関する一切の権利及び義務を承継するものとされており、参加する権利や代金の支払いという義務を引き受けることになります。

Point4　契約の解除　〜旅行者からの解除〜

　旅行者は、いつでも取消料を支払って、募集型企画旅行契約を解除できます。通信契約を解除する場合、旅行業者は、旅行者の署名なく提携会社のカードに取消料の支払いを受けます。

　また、旅行者は、以下の5つの事由のいずれかに該当する場合、旅行開始前に取消料を支払うことなく募集型企画旅行契約を解除できます。

①旅行業者によって重要な契約内容〔p.44参照〕が変更された時。
②旅行代金の額の変更〔p.39〕の規定に基づいて旅行代金が増額された時。
③天災地変、戦乱、暴動、運送・宿泊機関等の旅行サービス提供の中止、官公署の命令その他の事由が生じた場合で、旅行の安全かつ円滑な実施が不可能となり、または不可能となるおそれが極めて大きい時。
④旅行業者が旅行者に対し、所定の期日までに確定書面を交付しなかった時。
⑤旅行業者の責に帰すべき事由により、契約書面に記載した旅行日程に従った旅行の実施が不可能となった時。

図表Ⅱ-2-1　取消料の例（国内旅行の場合）

国内旅行に係る取消料	
区　　　分	取　消　料
イ　旅行開始日の前日から起算してさかのぼって20日目（日帰り旅行にあっては10日目）に当たる日以降に解除する場合（ロからホまでに掲げる場合を除く。）	旅行代金の20％以内
ロ　旅行開始日の前日から起算してさかのぼって7日目に当たる日以降に解除する場合（ハからホまでに掲げる場合を除く。）	旅行代金の30％以内
ハ　旅行開始日の前日に解除する場合	旅行代金の40％以内
ニ　旅行開始当日に解除する場合（ホに掲げる場合を除く。）	旅行代金の50％以内
ホ　旅行開始後の解除または無連絡不参加の場合	旅行代金の100％以内

| Point5 契約の解除 〜旅行業者からの旅行開始前の解除〜 |

旅行業者は、以下の9つの事由のいずれかに該当する場合、旅行者に理由を説明し、旅行開始前に募集型企画旅行契約を解除できます。なお、これらの場合、旅行業者は取消料を請求することはできません。

①旅行業者があらかじめ明示した性別、年齢等の参加旅行者の条件を、旅行者が満たしていないことが判明した時。

②旅行者が病気、必要な介助者の不在等の事由により、旅行に耐えられないと認められる時。

③旅行者が他の旅行者に迷惑を及ぼし、または団体旅行の円滑な実施を妨げるおそれがあると認められる時。

④旅行者が、契約内容に関し合理的な範囲を超える負担を求めた時。

⑤旅行者の数が契約書面に記載した最少催行人員に達しなかった時。なお、この理由で旅行業者が契約を解除する時は、以下の期限までに旅行者に旅行を中止する旨を通知しなければならない。

図表Ⅱ-2-2　最少催行人員に達しなかった時の通知期限（国内旅行の場合）

旅行開始日の前日から起算してさかのぼって
・日帰りの場合　　⇒3日目にあたる日より前まで
・宿泊ありの場合　⇒13日目にあたる日より前まで

⑥スキーを目的とする旅行における必要な降雪量等の旅行実施条件であって契約の締結の際に明示したものが成就しないおそれが極めて大きい時。この場合、前項⑤と異なり通知期限はない。

⑦天災地変、戦乱、暴動、運送・宿泊機関等の旅行サービス提供の中止、官公署の命令その他の旅行業者の関与し得ない事由が生じた場合で、旅行の安全かつ円滑な実施が不可能となり、または不可能となるおそれが極めて大きい時。

⑧通信契約を締結した場合で、旅行者の有するクレジットカードが無効になる等、旅行者が旅行代金の一部または全部を提携会社のカード会員規約に従って決済できなくなった時。

⑨旅行者が契約締結の拒否事由⑤〜⑦〔p.38〕のいずれかに該当することが判明した時。

なお、旅行者が契約書面に記載する期日までに旅行代金を支払わない時は、当該期日の翌日において旅行者が募集型企画旅行契約を解除したものとします。この場合において、旅行者は、旅行業者に対し、取消料に相当する額の違約料を支払わなければなりません。

| Point6 | 契約の解除　〜旅行業者からの旅行開始後の解除〜 |

　旅行業者は、以下の4つの事由のいずれかに該当する場合、旅行開始後であっても、旅行者に理由を説明して、募集型企画旅行契約の一部を解除することができます。

①旅行者が病気、必要な介助者の不在その他の事由により旅行の継続に耐えられない時。
②旅行者が旅行を安全かつ円滑に実施するための添乗員等による旅行業者の指示への違背、これらの者または同行する他の旅行者に対する暴行または脅迫等により団体行動の規律を乱し、旅行の安全かつ円滑な実施を妨げる時。
③旅行者が契約締結の拒否事由⑤〜⑦〔p.38〕のいずれかに該当することが判明した時。
④天災地変、戦乱、暴動、運送・宿泊機関等の旅行サービス提供の中止、官公署の命令その他の旅行業者の関与し得ない事由が生じた場合で、旅行の継続が不可能となった時。

　上記①及び④を理由に旅行業者が契約を解除した場合、旅行業者は旅行者の求めに応じて、旅行者の費用負担で、旅行者が旅行の出発地に戻るために必要な旅行サービスの手配を引き受けます。

　旅行業者が、上記①〜④の事由に基づいて募集型企画旅行契約を解除した場合は、旅行者との間の契約関係は、将来に向かってのみ消滅します。これは、旅行者が既に提供を受けた旅行サービスに関する旅行業者の債務については、有効な弁済がなされたものとして扱うということです。
　この時、旅行業者は、旅行代金のうち旅行者がいまだその提供を受けていない旅行サービスに係る部分に係る金額から、当該旅行サービスに対して取消料、違約料その他の既に支払い、またはこれから支払わなければならない費用に係る金額を差し引いたものを旅行者に払い戻します。これは、未提供の部分は払い戻すが、未提供部分の取消料等は旅行者が負担するということです。

| Point7 | 旅行代金の払戻し |

　旅行業者は、旅行代金が減額された場合または募集型企画旅行契約が解除された場合、旅行者に対し払い戻すべき金額が生じた時は、以下の期限に則って旅行者に対し当該金額を払い戻します。

図表Ⅱ-2-3　旅行代金の払戻し期限

解除の時期	払戻期限
旅行開始前の解除	解除の翌日から起算して7日以内
減額または旅行開始後の解除	契約書面に記載した旅行終了日の翌日から起算して30日以内

3　標準旅行業約款　募集型企画旅行契約の部（損害賠償・特別補償・旅程保証）

　ここでは、旅行業者の責任について学習します。募集型企画旅行契約を締結した旅行者に損害が生じた時は、その事由により旅行業者は責任を負います。責任を負う形態として、募集型企画旅行契約では、「損害賠償」、「特別補償」、「旅程保証」などが規定されています。

Point1　損害賠償

　旅行業者は、募集型企画旅行契約の履行に当たって、旅行業者（添乗員等を含む）またはその手配代行者が故意または過失により旅行者に損害を与えた時は、その損害を賠償する責に任じます。

①旅行者の生命・身体・その他手荷物以外に生じた損害

　　この場合の損害を賠償するのは、損害発生の翌日から起算して 2 年以内に旅行業者に対して通知があった時に限られる。旅行者が天災地変、戦乱、暴動、運送・宿泊機関等の旅行サービス提供の中止、官公署の命令その他の旅行業者等の関与し得ない事由により損害を被った時は、旅行業者はその損害を賠償する責任を負うものではない。（ただし、旅行業者に故意または過失があった時を除く。）

②旅行者の手荷物に生じた損害

　　手荷物について生じた損害については、損害発生の翌日から起算して、国内旅行にあっては 14 日以内、海外旅行にあっては 21 日以内に旅行業者に対して通知があった時に限り、旅行者 1 名につき15 万円を限度として賠償する。この責任限度額は、旅行業者に故意または重大な過失がある場合は適用されない。

Point2　特別補償

　旅行業者は、故意または過失に基づく前記の責任が生ずるか否かを問わず、「別紙 特別補償規程」で定めるところにより、旅行者が募集型企画旅行参加中にその生命、身体または手荷物の上に被った一定の損害について、あらかじめ定める額の補償金及び見舞金を支払います。

　これは、旅行業者の故意または過失に基づく損害でなくても、ツアーを実施する旅行業者の責任は重いため、旅行者に生じた一定の損害について補償する責任を課したものです。

　旅行業者がこの責任を負い、また同時に損害を賠償する責任を負う場合は、補償金が賠償金に優先して支払われます。

　具体的な補償内容は p.50〜の「5 特別補償規程」で学習します。

Point3　旅程保証

　旅行業者は企画旅行を契約内容通りに実施しなければならず、旅程が変更になった場合には補償金を支払う義務が発生します。これによって、旅行業者の義務を強化しています。

旅行業者は、次の表に掲げる契約内容の重要な変更が生じた場合は、旅行代金に一定の率を乗じた額以上の変更補償金を支払わなければなりません。

　なお、変更について旅行業者に損害賠償の規定に基づく責任が発生することが明らかである場合は、損害賠償責任を負い、旅程保証による責任は負いません。ただし、変更の原因が、運送・宿泊機関等が当該旅行サービスの提供を行っているにもかかわらず、運送・宿泊機関等の座席、部屋その他の諸設備の不足が発生したことによるもの、いわゆるオーバーブッキングなどであっても、変更補償金を支払わなければなりません。

図表Ⅱ-3-1　変更補償金の支払い対象となる変更と率

変更補償金の支払いが必要となる変更	一件当たりの率（％）	
	旅行開始前	旅行開始後
1.契約書面に記載した旅行開始日または旅行終了日の変更	1.5	3.0
2.契約書面に記載した入場する観光地または観光施設（レストランを含みます。）その他の旅行の目的地の変更	1.0	2.0
3.契約書面に記載した運送機関の等級または設備のより低い料金のものへの変更（変更後の等級及び設備の料金の合計額が契約書面に記載した等級及び設備のそれを下回った場合に限ります。）	1.0	2.0
4.契約書面に記載した運送機関の種類または会社名の変更	1.0	2.0
5.契約書面に記載した本邦内の旅行開始地たる空港または旅行終了地たる空港の異なる便への変更	1.0	2.0
6.契約書面に記載した本邦内と本邦外との間における直行便の乗継便または経由便への変更	1.0	2.0
7.契約書面に記載した宿泊機関の種類または名称の変更	1.0	2.0
8.契約書面に記載した宿泊機関の客室の種類、設備、景観その他の客室の条件の変更	1.0	2.0
9.前各号に掲げる変更のうち契約書面のツアー・タイトル中に記載があった事項の変更	2.5	5.0

注1：「旅行開始前」とは、当該変更について旅行開始日の前日までに旅行者に通知した場合をいい「旅行開始後」とは、当該変更について旅行開始当日以降に旅行者に通知した場合をいいます。

注2：確定書面が交付された場合には、「契約書面」とあるのを「確定書面」と読み替えた上で、この表を適用します。この場合において、契約書面の記載内容と確定書面の記載内容との間または確定書面の記載内容と実際に提供された旅行サービスの内容との間に変更が生じた時は、それぞれの変更につき一件として取り扱います。

注3：3.または4.に掲げる変更に係る運送機関が宿泊設備の利用を伴うものである場合は、一泊につき一件として取り扱います。

注4：4.に掲げる運送機関の会社名の変更については、等級または設備がより高いものへの変更を伴う場合には適用しません。

注5：4.または7.もしくは8.に掲げる変更が一乗車船等または一泊の中で複数生じた場合であっても、一乗車船等または一泊につき一件として取り扱います。

注6：9.に掲げる変更については、1.から8.までの率を適用せず、9.によります。

　なお、次に掲げる事由により変更がなされた場合は、変更補償金は支払われません。

①天災地変

②戦乱

③暴動

④官公署の命令
⑤運送・宿泊機関等の旅行サービス提供の中止（運休、休業など）
⑥当初の運行計画によらない運送サービスの提供
⑦旅行参加者の生命または身体の安全確保のため必要な措置

変更補償金の支払いについて、いくつか留意しなければならない点を以下にまとめます。

①旅行業者は、変更補償金を旅行終了日の翌日から起算して 30 日以内に支払わなければならない。
②旅行業者が支払うべき変更補償金の額は、旅行者一名に対して一募集型企画旅行につき旅行代金に 15％以上の旅行業者が定める率を乗じた額をもって限度とする。（15％以上の範囲で、旅行業者が自身の判断で設定できるということ。）
③旅行者一名に対して一募集型企画旅行につき支払うべき変更補償金の額が 1,000 円未満である時は、変更補償金は支払われない。
④旅行業者が変更補償金を支払った後に、その変更について旅行業者に故意または過失による損害賠償の規定に基づく責任が発生することが明らかになった場合には、旅行者は当該変更に係る変更補償金を旅行業者に返還しなければならない。この場合、旅行業者が支払うべき損害賠償金の額と旅行者が返還すべき変更補償金の額とを相殺した残額を支払うこととなる。
⑤変更補償金は旅行者からの請求の有無にかかわらず支払わなければならない。

> Point4　旅行者の責任

旅行業約款では、旅行業者側の責任だけではなく、旅行者側の責任についても規定しています。

①旅行者の故意または過失により旅行業者が損害を被った時は、旅行者は、損害を賠償しなければならない。
②旅行者は、募集型企画旅行契約を締結するに際しては、旅行業者から提供された情報を活用し、旅行者の権利義務その他の募集型企画旅行契約の内容について理解するよう努めなければならない。
③旅行者は、旅行開始後に、契約書面に記載された旅行サービスを円滑に受領するため、万が一契約書面と異なる旅行サービスが提供されたと認識した時は、旅行地において速やかにその旨を旅行業者や手配代行者、旅行サービス提供者に申し出なければならない。

4　標準旅行業約款　受注型企画旅行契約の部

　受注型企画旅行は、個人旅行者にとってはあまりなじみのない旅行形態です。これは、一言で表せば「オーダーメイドのツアー」であり、旅行者が目的地や旅行代金、サービスの内容などの希望を伝えて、旅行業者がこれに沿って旅行を企画し、実施するものです。

　受注型旅行契約は、旅行の内容が旅行者の希望に沿ったものという点が、通常のツアーと大きく異なりますが、共通した規定が多く存在します。ここでは、受注型企画旅行契約に関する特有の規定のみ解説をしていきます。共通の規定に関しては、募集型企画旅行契約の部の該当ページを記載していますので、必要に応じて振り返って確認してください。※参照ページは〔　〕内に示します。

Point1　総則（適用範囲と定義）

　適用範囲は、募集型企画旅行契約と同様で　特約⇒約款⇒法令・一般に確立された慣習　の順となります。〔p.36〕

　「受注型企画旅行」とは、旅行業者が、旅行者からの依頼により、旅行の目的地及び日程、旅行者が提供を受けることができる運送または宿泊のサービスの内容並びに旅行者が旅行業者に支払うべき旅行代金の額を定めた旅行に関する計画を作成し、これにより実施する旅行をいいます。

　その他の定義は、募集型企画旅行契約と同様です。〔p.36〕

Point2　契約の申込み～成立

　旅行業者は、受注型企画旅行契約の申込みの依頼があった時は、業務上の都合がある時を除き、依頼の内容に沿って作成した旅行日程、旅行サービスの内容、旅行代金その他の旅行条件に関する企画の内容を記載した書面（企画書面）を交付します。旅行業者は企画書面において、旅行代金の内訳として企画に関する取扱料金（企画料金）の金額を明示することがあります。

　契約の申込みは、以下の2通りの方法があります。

図表Ⅱ-4-1　契約の種類と申込みの内容

契約の種類	申込みの内容
通常の契約 （店頭での契約など）	所定の「申込書」に所定の事項を記入し、「申込金[注]」とともに、旅行業者に提出する。
通信契約	会員番号その他の事項（以下「会員番号等」）を旅行業者に通知する。

　注：旅行代金（その内訳として金額が明示された企画料金を含みます。）または取消料もしくは違約料の一部として取り扱われます。

　参加に際し、旅行者が特別な配慮を必要とした場合、契約の申込時に申し出ていれば、旅行業者は可能な範囲内でこれに応じます。この申出に基づき、旅行業者が旅行者のために講じた特別な措置に要する費用は、旅行者の負担となります。

　契約の成立時期は、募集型企画旅行契約と同様、3通りの方法が規定されています。〔p.37〕

旅行の検討から契約までの募集型企画旅行と受注型企画旅行の流れを以下にまとめてみました。特に□□□□で囲われた箇所に注目してください。企画書面は受注型企画旅行契約特有のものです。企画書面を交付した段階では契約は成立していない（取消料等は発生しない）点に注意しましょう。

【募集型】 パンフレットなどを見て判断 　　　 → 申込 → （拒否事由） → 契約成立
【受注型】 旅行者からの依頼 → 企画書面の交付 → 申込 → （拒否事由） → 契約成立

　契約締結の際の拒否事由では、募集型企画旅行と共通するのは③〜⑧〔p.37〜38〕です。除外されているのは「①旅行業者があらかじめ明示した性別、年齢等の参加旅行者の条件を、旅行者が満たしていない時」と、「②応募旅行者数が募集予定数に達した時」の2つの項目です。受注型企画旅行において、これらは旅行業者が設定するものではないので、拒否事由に該当しません。

Point3　契約の成立〜旅行開始

　受注型企画旅行においても、契約成立後には契約書面や必要に応じて確定書面が交付されます。受注型企画旅行契約では旅行業者は、企画書面において企画料金の金額を明示した場合は、当該金額を契約書面において明示します。その他については、募集型企画旅行契約と同様です。〔p.38〕
　受注型企画旅行契約では、企画書面もその交付に代えて情報通信の技術を利用する方法により記載事項を提供することができます。その他については募集型企画旅行契約と同様です。〔p.38〕
　旅行代金についても募集型企画旅行契約と同様です。〔p.38〕

Point4　契約の変更

　旅行者は、旅行業者に対し、旅行日程、旅行サービスの内容その他の受注型企画旅行契約の内容を変更するよう求めることができます。この場合、旅行業者は可能な限り旅行者の求めに応じることと定めていますが、この規定は募集型企画旅行契約にはありません。その他については募集型企画旅行契約と同様です。〔p.39〕
　旅行代金の額の変更について、上記のケースの場合、すなわち旅行者からの変更の求めに応じて旅行の実施に要する費用の増減があった場合、当然その範囲内において旅行代金の額を変更することができます。その他については募集型企画旅行契約と同様です。〔p.39〕
　旅行者の交替については募集型企画旅行契約と同様です。〔p.40〕

Point5　契約の解除

　旅行者から解除する場合、企画書面と契約書面に企画料金の金額が明示されている時は、次表ロに定めている期日より前に旅行者が契約を解除したとしても企画料金相当額の取消料が適用（区分イ）されます。（なお、募集型企画旅行における取消料適用期日は次表ロからとなります。）
　その他については募集型企画旅行契約と同様です。〔p.40〕

図表Ⅱ-4-2　取消料の例（国内旅行の場合）

国内旅行に係る取消料	
区　　　　分	取　消　料
イ　ロからへまでに掲げる場合以外の場合（旅行業者が契約書面において企画料金の金額を明示した場合に限る。）	企画料金に相当する金額
ロ　旅行開始日の前日から起算してさかのぼって 20 日目（日帰り旅行にあっては 10 日目）に当たる日以降に解除する場合（ハからへまでに掲げる場合を除く。）	旅行代金の 20％以内
ハ　旅行開始日の前日から起算してさかのぼって 7 日目に当たる日以降に解除する場合（ニからへまでに掲げる場合を除く。）	旅行代金の 30％以内
ニ　旅行開始日の前日に解除する場合	旅行代金の 40％以内
ホ　旅行開始当日に解除する場合（へに掲げる場合を除く。）	旅行代金の 50％以内
ヘ　旅行開始後の解除または無連絡不参加の場合	旅行代金の 100％以内

　旅行業者からの旅行開始前の解除事由で、募集型企画旅行と共通するのは②〜④、及び⑥〜⑨〔p.41〕です。除外されているのは「①旅行業者があらかじめ明示した性別、年齢等の参加旅行者の条件を、旅行者が満たしていないことが判明した時」と、「⑤旅行者の数が契約書面に記載した最少催行人員に達しなかった時」の 2 つの項目です。

　旅行業者からの旅行開始後の解除〔p.42〕、旅行代金の払戻し〔p.42〕については募集型企画旅行契約と同様です。

Point6　団体・グループ契約

　この規定は、募集型企画旅行契約にもありますが、ここでまとめて説明します。企画旅行に複数人が参加する場合、一人ひとりが旅行業者と契約を交わすことは、旅行業者、旅行者ともに煩雑となりますので、代表者を通じて契約を締結できることにするという規定です。

　まず、「団体・グループ契約」の言葉の定義ですが、同じ行程を同時に旅行する複数の旅行者がその責任ある代表者（契約責任者）を定めて申し込んだ旅行（企画旅行契約）のことをいいます。

　旅行業者は、特約を結んだ場合を除き、契約責任者はその団体・グループを構成する旅行者（構成者）の企画旅行契約（募集型・受注型）の締結に関する一切の代理権を有しているものとみなし、旅行業務に関する取引は、その契約責任者との間で行います。契約責任者は、旅行業者が定める日までに、構成者の名簿を旅行業者に提出しなければなりません。

　旅行業者は、契約責任者が構成者に対して現に負い、または将来負うことが予測される債務または義務については、何らの責任を負うものではありません。これは、グループ内における契約責任者と構成者の権利・義務関係（例えばお金のトラブルなど）は、旅行業者に責任は生じないということです。また、旅行業者は、契約責任者が団体・グループに同行しない場合、旅行開始後においては、あらかじめ契約責任者が選任した構成者を契約責任者とみなします。

　なお、受注型企画旅行契約にのみ規定されている「契約成立の特則」があります。旅行業者は、契約責任者と受注型企画旅行契約を締結する場合において、申込金の支払いを受けることなく受注型企画旅

行契約の締結を承諾することがあるというものです。この申込金の支払いを受けることなく受注型企画旅行契約を締結する場合には、旅行業者は、契約責任者にその旨を記載した書面を交付します。契約は、この書面を交付した時に成立します。（募集型企画旅行契約では、この規定がないため、契約成立には原則として申込金が必要ということになります。）

Point7　旅程管理

　この規定は、募集型企画旅行契約にもありますが、ここでまとめて説明します。企画旅行契約は、旅行業者が旅行の内容を企画して実施するものですから、サービス内容を手配するだけでは義務を果したとはいえません。旅行業者には旅行日程を管理する義務が課せられています。

　旅行業者は、旅行者の安全かつ円滑な旅行の実施を確保することに努力し、旅行者に対し次に掲げる業務を行います。（ただし、旅行業者が旅行者と異なる特約を結んだ場合には、この限りではありません。）

①旅行者が旅行中に旅行サービスを受けることができないおそれがあると認められる時は、契約に従った旅行サービスの提供を確実に受けられるために必要な措置を講ずること。
②上記①の措置を講じたにもかかわらず、契約内容を変更せざるを得ない時は、代替サービスの手配を行うこと。この場合、旅行日程を変更する時は、変更後の旅行日程が当初の旅行日程の趣旨にかなうものとなるよう努めること、旅行サービスの内容を変更する時は、変更後の旅行サービスが当初の旅行サービスと同様のものとなるよう努めること等、契約内容の変更を最小限にとどめるよう努力すること。

　なお、旅行業者は、旅行中の旅行者が、疾病、傷害等により保護を要する状態にあると認めた時は、必要な措置を講ずることがあります。この場合、これが旅行業者の責に帰すべき事由によるものでない時は、措置に要した費用は旅行者の負担とし、旅行者は費用を旅行業者に指定された期日までに指定された方法で支払わなければなりません。

Point8　損害賠償・特別補償・旅程保証

　「旅行者の生命・身体・その他手荷物以外に生じた損害」、「旅行者の手荷物に生じた損害」、「特別補償」については、募集型企画旅行契約と同様です。〔p.43〕
　なお、特別補償の具体的な補償内容については、次項の「5 特別補償規程」で扱います。

　受注型企画旅行では、変更補償金の支払いが必要となる変更のうち、「契約書面のツアー・タイトル中に記載があった事項の変更」に関する規定がありません。したがって、「変更補償金の対象となる変更」〔p.44 図表Ⅱ-3-1〕から9.と注6を除いたものが、受注型企画旅行用の図表となります。
　そのほかの規定については、募集型企画旅行契約と同様です。〔p.44〜45〕

5 特別補償規程

募集型企画旅行と受注型企画旅行は、いずれも旅行業者が計画を作成し実施するもので、そのため安全面にも十分に配慮する責任があります。この責任を担保するために、旅行者に損害が生じた時は、旅行業者の故意または過失に関係なく補償する義務を課しています。これが特別補償規程です。

Point1　補償金等の支払責任

旅行業者は、企画旅行に参加する旅行者が、「企画旅行参加中」に急激かつ偶然な外来の事故によって身体に「傷害」を被った時に旅行者またはその法定相続人に「死亡補償金」、「後遺障害補償金」、「入院見舞金」及び「通院見舞金」を支払います。（故意または過失は要件になっていません。）

この傷害には、身体外部から有毒ガスまたは有毒物質を偶然かつ一時に吸入、吸収または摂取した時に急激に生ずる中毒症状（継続的に吸入、吸収または摂取した結果生ずる中毒症状は除く）を含みますが、細菌性食物中毒は含まれません。

企画旅行に参加している状況なのか、そうでないのかは、補償金等の支払いの有無に関わるので非常に重要です。以下に掲げる4項目をしっかりと確認してください。

① 「企画旅行参加中」とは、旅行者が企画旅行に参加する目的をもって、旅行業者があらかじめ手配した乗車券類等によって提供される旅行日程に定める最初の運送・宿泊機関等のサービスの提供を受けることを開始した時から、最後の運送・宿泊機関等のサービスの提供を受けることを完了した時までの期間をいう。

② 旅行者があらかじめ定められた企画旅行の行程から離脱する場合、離脱及び復帰の予定日時をあらかじめ旅行業者に届け出ていた時は、離脱の時から復帰の予定の時までの間は「企画旅行参加中」とする。

③ 旅行者が離脱及び復帰の予定日時をあらかじめ旅行業者に届け出ることなく離脱した時または復帰の予定なく離脱した時は、その離脱の時から復帰の時までの間またはその離脱した時から後は「企画旅行参加中」とはしない。

④ 旅行日程に、旅行者が旅行業者の手配に係る運送・宿泊機関等のサービスの提供を一切受けない日（この日を無手配日という）が定められている場合において、その旨及びその日に生じた事故によって旅行者が被った損害に対しこの規程による補償金及び見舞金の支払いが行われない旨を契約書面に明示した時は、その日は「企画旅行参加中」とはならない。

図表Ⅱ-5-1　企画旅行参加中の範囲

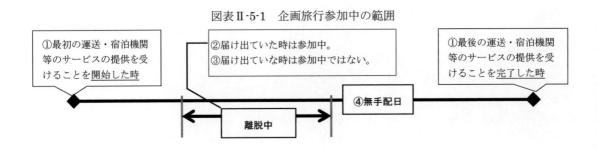

サービスの提供を受けることを「開始した時」と、「完了した時」の具体例は以下の通りです。

図表Ⅱ-5-2　サービスの提供を受けることを開始した時と完了した時の具体例

	開　始　時	完　了　時
添乗員等が受付を行い、解散を告げる場合	受付完了時	解散を告げた時

図表Ⅱ-5-3　添乗員等が受付・解散を行わない場合の具体例

最初、最後の運送・宿泊機関	開　始　時	完　了　時
航空機	乗客のみが入場できる飛行場構内における手荷物の検査等の完了時	乗客のみが入場できる飛行場構内からの退場時
船舶	乗船手続の完了時	下船時
鉄道	改札の終了時、改札のない時は列車乗車時	改札終了時、改札のない時は列車降車時
車両	乗車時	降車時
宿泊機関	施設への入場時	施設からの退場時
宿泊機関以外の施設	施設の利用手続終了時	施設からの退場時

Point2　補償金等が支払われない場合

改めて確認しますが、補償金等とは、「死亡補償金」、「後遺障害補償金」、「入院見舞金」、「通院見舞金」をいいます。この補償金等が支払われない事由として、「一般的事由」、「危険な運動等」、「反社会的勢力」などが規定されています。それぞれの内容を確認してください。

【一般事由】
旅行業者は、次に掲げる事由によって生じた傷害に対しては補償金等を支払いません。

①旅行者の故意。（ただし、その旅行者以外の者が被った傷害については支払われる。）
②死亡補償金を受け取るべき者の故意。（ただし、その者が死亡補償金の一部の受取人である場合、他の者には支払われる。）
③旅行者の自殺行為、犯罪行為または闘争行為。（ただし、その旅行者以外の者が被った傷害については支払われる。）
④旅行者が法令に定められた運転資格を持たないで、または酒に酔って正常な運転ができないおそれがある状態で自動車または原動機付自転車を運転している間に生じた事故。（ただし、その旅行者以外の者が被った傷害については支払われる。）
⑤旅行者が故意に法令に違反する行為を行い、または法令に違反するサービスの提供を受けている間に生じた事故。（ただし、その旅行者以外の者が被った損害については支払われる。）
⑥頸部症候群（いわゆる「むちうち症」）または腰痛で他覚症状のないもの。

※国内旅行では支払われない事由に以下の2項目が追加されます。
❼地震、噴火または津波。
❽地震、噴火または津波に随伴して生じた事故またはこれらに伴う秩序の混乱に基づいて生じた事故。

【危険な運動等】

　旅行業者は、以下の各行為があらかじめ定めた企画旅行の旅行日程に含まれている場合でなければ、これが原因で傷害を負っても補償金等を支払いません。ただし、各行為が旅行日程に含まれている場合においては、旅行日程外の企画旅行参加中（例えば自由行動日）によって生じた傷害に対しても、補償金等を支払います。

図表Ⅱ-5-4　危険な運動等の具体例

山岳登はん（ピッケル、アイゼン、ザイル、ハンマー等の登山用具を使用するもの）、リュージュ、ボブスレー、スカイダイビング、ハンググライダー搭乗、その他これらに類する危険な運動

【反社会的勢力】

　旅行業者は、旅行者または死亡補償金を受け取るべき者が、次に掲げる4つの事由のうち、いずれかに該当する場合には、補償金等を支払わないことがあります。（ただし、その者が死亡補償金の一部の受取人である場合、他の者については支払われます。）

①暴力団、暴力団員、暴力団準構成員、暴力団関係企業その他の反社会的勢力に該当すると認められること。
②反社会的勢力に対して資金等を提供し、または便宜を供与する等の関与をしていると認められること。
③反社会的勢力を不当に利用していると認められること。
④その他反社会的勢力と社会的に非難されるべき関係を有していると認められること。

Point3　補償金等の種類と支払額

【死亡補償金】

　死亡補償金は、旅行者が傷害を被り、その直接の結果として事故の日から180日以内に死亡した場合に支払われます。支払額は旅行者1名につき、海外旅行においては2500万円、国内旅行においては1500万円を死亡補償金として旅行者の法定相続人に支払います。

【後遺障害補償金】

　後遺障害補償金は、旅行者が傷害を被り、その直接の結果として、事故の日から180日以内に後遺障害が生じた場合に支払われます。金額は、旅行者1名につき、補償金額に以下に掲げる割合を乗じた額となります。

図表Ⅱ-5-4　後遺障害補償金の例（抜粋）

一　眼の障害	
（1）　両眼が失明したとき。	100%
（2）　一眼が失明したとき。	60%
（3）　一眼の矯正視力が 0.6 以下となったとき。	5%
（4）　一眼の視野狭窄（正常視野の角度の合計の 60%以下となった場合をいう。）となったとき。	5%

後遺障害が重なれば支払額が増えますが、合計しても補償金額（海外旅行2500万円、国内旅行1500万円）を超えることはありません。よって、国内旅行において一眼が失明したことによって、〈1500万円×60％＝900万円〉が支払われた後に、両眼が失明した場合は〈1500万円－900万円＝600万円〉が支払われることになります。また、旅行業者が後遺障害補償金を支払った後に旅行者が死亡した場合も、補償金額が限度になります。

なお、事故の日から180日を超えてなお治療を要する状態にある時は、181日目における医師の診断に基づき後遺障害の程度を認定して、後遺障害補償金が支払われます。

【入院見舞金】

入院見舞金は、旅行者が傷害を被り、その直接の結果として平常の業務や生活ができなくなり、かつ、入院した場合、その日数に対して旅行者に支払われるものです。なお、旅行者が入院しない場合でも、機能を失い、かつ、医師の治療を受けた時は、その状態にある期間を入院日数とします。

図表Ⅱ-5-5　入院見舞金の支払額

	海外旅行	国内旅行
入院日数180日以上	40万円	20万円
入院日数90日以上180日未満	20万円	10万円
入院日数7日以上90日未満	10万円	5万円
入院日数7日未満	4万円	2万円

【通院見舞金】

旅行者が傷害を被り、その直接の結果として平常の業務や生活に支障が生じ、かつ、通院した場合、その日数が3日以上となった時は、その日数に対して通院見舞金が支払われます。なお、旅行者が通院しない場合においても、医師の指示によりギプス等を常時装着した結果、平常の業務や生活に著しい支障が生じたと旅行業者が認めた時は、その期間については、通院日数とみなします。また、事故の日から180日を経過した後の通院に対しては、通院見舞金も支払いは行われません。

図表Ⅱ-5-6　通院見舞金の支払額

	海外旅行	国内旅行
通院日数90日以上	10万円	5万円
通院日数7日以上90日未満	5万円	2万5000円
入院日数3日以上7日未満	2万円	1万円

旅行者1名について入院日数及び通院日数がそれぞれ1日以上となった場合は、「入院日数に対し支払うべき入院見舞金」と「通院日数と入院日数の合計を通院日数とみなし、その合計日数に対し支払うべき通院見舞金」のうち、いずれか金額の大きいもののみを支払います。

また、旅行者1名について通院見舞金と死亡補償金、または通院見舞金と後遺障害補償金を重ねて支払うべき場合にはその合計額を支払います。しかし、「死亡補償金」と「後遺障害補償金」は合計額が支払われず、死亡補償金の2500万円（海外）または1500万円（国内）が限度になります。

　旅行業者の実施する企画旅行に参加する旅行者が、企画旅行参加中に生じた偶然な事故によって補償対象品に損害を被った時、旅行業者は「携帯品損害補償金」を支払います。この補償金等が支払われない事由として、「一般的事由」、「反社会的勢力」などが規定されています。

【一般事由】
　旅行業者は、次に掲げる事由によって生じた損害に対しては携帯品損害補償金を支払いません。

①旅行者の故意。（ただし、その旅行者以外の者が被った損害については支払われる。）
②旅行者と世帯を同じくする親族の故意。（ただし、旅行者に損害補償金を受け取らせる目的でなかった場合は支払われる。）
③旅行者の自殺行為、犯罪行為または闘争行為。（ただし、その旅行者以外の者が被った損害については支払われる。）
④旅行者が法令に定められた運転資格を持たないで、または酒に酔って正常な運転ができないおそれがある状態で自動車または原動機付自転車を運転している間に生じた事故。（ただし、その旅行者以外の者が被った損害については支払われる。）
⑤旅行者が故意に法令に違反する行為を行い、または法令に違反するサービスの提供を受けている間に生じた事故。（ただし、その旅行者以外の者が被った損害については支払われる。）
⑥補償対象品の瑕疵。（ただし、旅行者または補償対象品を管理する者が相当の注意をもってしても発見し得なかった瑕疵を除く。）
⑦補償対象品の自然の消耗、さび、かび、変色、ねずみ食い、虫食い等。
⑧単なる外観の損傷であって補償対象品の機能に支障をきたさない損害。
⑨補償対象品である液体の流出。（ただし、その結果として他の補償対象品に生じた損害については支払われる。）
⑩補償対象品の置き忘れまたは紛失。

※国内旅行では支払われない事由に以下の2項目が追加されます。
❶地震、噴火または津波
❷地震、噴火または津波に随伴して生じた事故またはこれらに伴う秩序の混乱に基づいて生じた事故

【反社会的勢力】
　旅行業者は、旅行者が次に掲げるいずれかに該当する事由がある場合には、損害補償金を支払わないことがあります。

①反社会的勢力に該当すると認められること。
②その他反社会的勢力と社会的に非難されるべき関係を有していると認められること。

補償対象品は、旅行者が企画旅行参加中に携行するその所有の身の回り品に限ります。次に掲げるものは、補償対象品に含まれません。

①現金、小切手その他の有価証券、印紙、切手その他これらに準ずるもの。
②クレジットカード、クーポン券、航空券、パスポートその他これらに準ずるもの
③稿本、設計書、図案、帳簿その他これらに準ずるもの。（磁気テープ、磁気ディスク、CD-ROM等の記録媒体に記録されたものを含む。）
④船舶及び自動車、原動機付自転車及びこれらの付属品。
⑤山岳登はん用具、探検用具その他これらに類するもの。
⑥義歯、義肢、コンタクトレンズその他これらに類するもの。
⑦動物及び植物。
⑧その他旅行業者があらかじめ指定するもの。

補償対象品の1個または1対についての損害額が10万円を超える時は、損害の額を10万円とみなします。損害補償金の額は、旅行者1名に対して1企画旅行につき15万円をもって限度とします。また、損害額が旅行者1名について1回の事故につき3,000円を超えない場合は支払われません。なお、損害に対して別に保険契約がある場合は、損害補償金の額を減額されることがあります。

Point5　損害賠償との関係

旅行業者が故意または過失に基づく損害賠償責任を負う時は、その損害賠償金の額の限度において、特別補償に基づく補償金は損害賠償金とみなします。この場合旅行業者の補償金支払義務は、損害賠償金に相当する額だけ縮減するものとします。つまり、支払われた補償金は損害賠償金に充当されて、その額だけ支払われる補償金が減ってしまうということです。

〈事例1〉海外旅行中の旅行者が死亡して、旅行業者が5000万円の損害賠償を支払う義務がある時、特別補償規程に基づいて支払われる2500万円の死亡補償金は損害賠償金とみなされる。したがって、損害賠償金5000万円が支払われ、死亡補償金は支払われない（0円）。
〈事例2〉国内旅行中の旅行者が死亡して、旅行業者が1000万円の損害賠償を支払う義務がある時、全額死亡補償金から支払われるので、補償金の残りは500万円になる。

Point6　オプショナルツアー中の事故

旅行業者の企画旅行参加中の旅行者を対象として、別途旅行代金を収受して旅行業者が実施する募集型企画旅行（いわゆるオプショナルツアー）については、主たる企画旅行契約の内容の一部として取り扱われます。したがって、重複して補償金が支払われることはありません。

6　手配旅行契約の部

　手配旅行契約とは、旅行者が運送機関や宿泊機関の提供するサービスを受けられるよう、旅行業者に依頼し、旅行業者がこれに応えて手配する契約のことです。列車の乗車券や航空券のみの単純な手配から、運送や宿泊など多くの手配を組み合わせた団体旅行まで、態様は様々です。

　企画旅行とは別の概念ですので、約款の内容も企画旅行とは異なる部分も多くなっています。ここでは、手配旅行契約に関する特有の規定のみ解説をしていきます。共通の規定に関しては、募集型企画旅行契約の部の該当ページを記載していますので、必要に応じて振り返って確認してください。

　※参照ページは〔　〕内に示します。

| Point1　総則（適用範囲と定義） |

　適用範囲は、募集型企画旅行契約と同様で　特約⇒約款⇒法令・一般に確立された慣習　の順となります。〔p.36〕

　「手配旅行契約」とは、旅行業者が旅行者の委託により、旅行者のために代理、媒介または取次をすること等により旅行者が運送・宿泊機関等の提供する旅行サービスの提供を受けることができるように、手配することを引き受ける契約をいいます。（旅程を管理する義務はありません。）

　また、「旅行代金」とは、旅行業者が旅行サービスを手配するために、運賃、宿泊料その他の運送・宿泊機関等に対して支払う費用及び旅行業者所定の旅行業務取扱料金をいいます。（変更手続料金や取消手続料金は含まれていません。）

　なお、手配旅行契約においては、旅行業者が善良な管理者の注意をもって旅行サービスの手配をした時は、手配旅行契約に基づく旅行業者の債務の履行は終了します（「手配債務の終了」）。したがって、満員、休業、条件不適当等の事由により、運送・宿泊機関等との間で旅行サービスの提供をする契約を締結できなかった場合であっても、旅行業者がその義務を果たした時は、旅行者は所定の旅行業務取扱料金を支払わなければなりません。

| Point2　契約の申込み～成立 |

　契約の申込みは、以下の2通りの方法があります。

図表Ⅱ-6-1　契約の種類と申込みの内容

契約の種類	申込みの内容
通常の契約 （店頭での契約など）	所定の「申込書」に所定の事項を記入し、「申込金^注」とともに旅行業者に提出する。
通信契約	会員番号及び依頼しようとする旅行サービスの内容を旅行業者に通知する。

　注：旅行代金、取消料その他の旅行者が旅行業者に支払うべき金銭の一部として取り扱われる。

契約の成立時期は、契約の種類に応じて以下の3通りとなります。

図表II-6-2　契約の種類と契約の成立時期

契約の種類		契約成立時
通常の契約（店頭での契約など）		旅行業者が契約の締結を承諾し、申込金を受理した時に成立する。
通信契約	通常の承諾 （郵送による承諾など）	旅行業者が契約の申込みを承諾する旨の通知を発した時に成立する。
	電子承諾通知	当該通知が旅行者に到達した時に成立する。

契約締結の際の拒否事由は、募集型企画旅行のうち④〜⑧〔p.37〜38〕の項目になります。

　旅行業者は、書面による特約をもって、申込金の支払いを受けることなく、契約の締結の承諾のみにより手配旅行契約を成立させることがあります。この場合、手配旅行契約の成立時期は、その書面において明らかにします。
　また、旅行業者は、運送サービスまたは宿泊サービスの手配のみを目的とする手配旅行契約で、旅行代金と引換えに当該旅行サービスの提供を受ける権利を表示した書面を交付するものについては、口頭による申込みを受け付けることがあります。この場合、手配旅行契約は、旅行業者が契約の締結を承諾した時に成立します。

Point3　契約の成立後

　旅行業者は手配旅行契約の成立後速やかに、旅行者に、旅行日程、旅行サービスの内容、旅行代金等の旅行条件及び旅行業者の責任に関する事項を記載した「契約書面」を交付します。ただし、すべての旅行サービスについて乗車券類、宿泊券その他の旅行サービスの提供を受ける権利を表示した書面を交付する時は、契約書面を交付しないことがあります。
　また、契約書面を交付した場合、旅行業者が手配旅行契約により手配する義務を負う旅行サービスの範囲は、契約書面に記載するところによります。（手配旅行契約では、確定書面を交付することはありません。）

　旅行代金について、旅行者は、旅行開始前の旅行業者が定める期間までに支払わなければなりません。旅行業者は、旅行開始前に、運送・宿泊機関等の運賃・料金の改訂、為替相場の変動等により旅行代金が変動した場合は、旅行代金を変更することがあります。その場合、旅行代金の増加または減少は、旅行者の負担（増加の場合には追加代金を支払い、減少の場合は返金を受ける）となります。旅行終了後に、事前に収受した金額と実際に要した費用が異なる場合には精算が行われます。

Point4　契約の変更と解除

　旅行者は、旅行業者に対し、旅行日程、旅行サービスの内容その他の手配旅行契約の内容を変更するよう求めることができます。この場合旅行業者は、可能な限り旅行者の求めに応じます。旅行者の求めにより手配旅行契約の内容を変更する場合、旅行者は、既に完了した手配を取り消す際に運送・宿泊機

関等に支払うべき取消料、違約料その他の手配の変更に要する費用を負担するほか、旅行業者所定の変更手続料金を支払わなければなりません。また、契約内容の変更によって生ずる旅行代金の増加または減少は、旅行者の負担（増加の場合には追加代金を支払い、減少の場合は返金を受ける）となります。

　契約の解除については、以下の3通りのケースについて確認しましょう。

【旅行者の事情による、旅行者からの契約の解除】
　旅行者は、いつでも手配旅行契約の全部または一部を解除することができます。手配旅行契約を解除した時は、旅行者は、既に提供を受けた旅行サービスの対価として、またはいまだ提供を受けていない旅行サービスに係る取消料、違約料その他の運送・宿泊機関等に対して既に支払い、またはこれから支払う費用を負担するほか、旅行業者所定の取消手続料金及び旅行業務取扱料金を支払わなければなりません。

【旅行業者に責任がある時の、旅行者からの契約の解除】
　旅行者は、例えば旅行業者の手配ミスなど、旅行業者の責に帰すべき事由により旅行サービスの手配が不可能になった時は、手配旅行契約を解除することができます。この理由で手配旅行契約を解除した時、旅行業者は、旅行者が既にその提供を受けた旅行サービスの対価として、運送・宿泊機関等に対して既に支払い、またはこれから支払わなければならない費用を除いて、既に収受した旅行代金を旅行者に払い戻します。なお、旅行者が解除しても旅行業者に対する損害賠償の請求は可能です。

【旅行業者からの解除】
　旅行業者は、以下の事由が生じた場合に、手配旅行契約を解除することができます。この時、旅行者は、いまだ提供を受けていない旅行サービスに係る取消料、違約料その他の運送・宿泊機関等に対して既に支払い、またはこれから支払わなければならない費用を負担するほか、旅行業者所定の取消手続料金及び旅行業務取扱料金を支払わなければなりません。

　①旅行者が所定の期日までに旅行代金を支払わない時。
　②通信契約を締結した場合に、旅行者の有するクレジットカードが無効になる等、旅行者が旅行代金等に係る債務の一部または全部を提携会社のカード会員規約に従って決済できなくなった時。
　③旅行者が反社会的勢力であることが判明した時。

Point5　団体・グループ手配

　団体・グループ手配とは、同じ行程を同時に旅行する複数の旅行者がその責任ある代表者（契約責任者）を定めて申し込んだ旅行をいいます。
　旅行業者は、特約を結んだ場合を除き、契約責任者はその団体・グループを構成する旅行者（構成者）の手配旅行契約の締結に関する一切の代理権を有しているものとみなし、旅行業務に関する取引は、その契約責任者との間で行います。契約責任者は、旅行業者が定める日までに、構成者の名簿を旅行業者

に提出、または人数を通知しなければなりません。（企画旅行では必ず名簿を提出しますが、手配旅行では人数の通知で足りることがあります。）

　旅行業者が、契約責任者が構成者に対して現に負い、または将来負うことが予測される債務または義務については何らの責任を負うものではないという点は企画旅行と同様です。

　受注型企画旅行契約、及び、手配旅行契約においては、旅行業者が契約責任者と手配旅行契約を締結する場合において、申込金の支払いを受けることなく手配旅行契約の締結を承諾することがあります。この申込金の支払いを受けることなく手配旅行契約を締結する場合には、旅行業者は、契約責任者にその旨を記載した書面を交付します。契約は、この書面を交付した時に成立します。募集型企画旅行契約には、契約成立の特則の規定はありません。

[Point6　損害賠償]

　「旅行者の生命・身体・その他手荷物以外に生じた損害」、「旅行者の手荷物に生じた損害」については、募集型企画旅行契約と同様です。〔p.43〕

　なお、手配旅行契約においては、「特別補償」及び「旅程保証」の規定は適用されません。

7　旅行相談契約の部

　旅行相談契約は、旅行業者の持つ知見を活用して旅行者に対して無形のサービスを提供する旅行相談行為を内容とする契約です。条文の数はわずか6つであり、比較的シンプルな内容になっています。

Point1　定義と契約の成立

　旅行相談契約とは、旅行業者が相談に対する相談料金を収受することを約して、旅行者の委託により、「旅行者が旅行の計画を作成するために必要な助言」、「旅行の計画の作成」、「旅行に必要な経費の見積り」、「旅行地及び運送・宿泊機関等に関する情報提供」、「その他旅行に必要な助言及び情報提供」等の業務を行うことを引き受ける契約をいいます。

　旅行業者と旅行相談契約を締結しようとする旅行者は、所定の事項を記入した申込書を旅行業者に提出します。旅行相談契約は、旅行業者が契約の締結を承諾し、申込書を受理した時に成立するものとします。旅行業者は、申込書の提出を受けることなく電話、郵便、ファクシミリその他の通信手段による旅行相談契約の申込みを受け付けることがあり、この場合は旅行業者が契約の締結を承諾した時に成立するものとします。

　旅行業者は、以下の5項目のいずれかに該当する場合、契約の締結を拒否することができます。

①旅行者の相談内容が公序良俗に反し、もしくは旅行地において施行されている法令に違反するおそれがあるものである時。

②旅行者が、暴力団員、暴力団準構成員、暴力団関係者、暴力団関係企業または総会屋等その他の反社会的勢力であると認められる時。

③旅行者が、旅行業者に対して暴力的な要求行為、不当な要求行為、取引に関して脅迫的な言動もしくは暴力を用いる行為またはこれらに準ずる行為を行った時。

④旅行者が、風説を流布し、偽計を用いもしくは威力を用いて旅行業者の信用を毀損し、もしくは旅行業者の業務を妨害する行為またはこれらに準ずる行為を行った時。

⑤その他旅行業者の業務上の都合がある時。

Point2　契約の成立後と旅行業者の責任

　旅行業者が相談業務を行った時は、旅行者は、旅行業者が定める期日までに、相談料金を支払わなければなりません。また、旅行業者は、契約成立後、旅行者が上記②～④までのいずれかに該当することが判明した時は、契約を解除することがあります。

　旅行業者は、旅行相談契約の履行に当たって、故意または過失により旅行者に損害を与えた時は、損害を賠償する責任が生じます。ただし、この損害を賠償するのは、損害発生の翌日から起算して6か月以内に旅行業者に対して通知があった時に限ります。また、旅行業者は、作成した旅行の計画に記載した運送・宿泊機関等について、実際に手配が可能であることまでは保証していませんので、満員等の事由により、契約を締結できなかったとしても、責任を負うものではありません。

8　国内旅客運送約款

　Ⅱ部のこれ以降の内容は、標準旅行業約款以外の約款を扱います。国内の旅行業務取扱管理者試験では、航空会社の約款である「国内旅客運送約款」、宿泊業者の約款である「モデル宿泊約款」、フェリー会社の約款である「海上運送法第９条第３項の規定に基づく標準運送約款」、バス会社の約款である「一般貸切旅客自動車運送事業標準運送約款」等に「ＪＲ旅客営業規則」を加えた５問が、例年出題されています。

　出題ウェイトが小さいわりに、細かな規定が多く、理解に時間もかかりますが、同じ内容が「国内旅行実務」科目で出題されることもありますので、ポイントを絞った効率的な学習が必要となります。ここでは、すべてを網羅するのではなく、試験において特に出題頻度が高い項目について解説します。

　なお、「ＪＲ旅客営業規則」については、「Ⅲ部 国内旅行実務」の「ＪＲ運賃・料金」の中で合わせて説明します。

　国内旅客運送約款では、国内航空２社（日本航空、全日本空輸）の約款を取り扱います。この２社の約款の内容はほぼ同様ですが、本書では日本航空の約款を使用して説明します。

| Point1　総則（定義と約款の適用） |

【定義】
　①「航空券」とは、運送約款に基づいて旅客運送のために航空会社の事業所において発行する電子データベース上に記録される形式の電子証ひょう（電子航空券）または紙片の証ひょうをいう。
　②「航空引換証」とは、航空会社の事業所において発行する証ひょうで、記名されている人に対し航空券を交換発行するためのものをいう。
　③「手荷物」とは、旅客の所持する物で受託手荷物及び持込手荷物をいう。
　④「受託手荷物」とは、航空会社が引渡しを受け、かつこれに対し手荷物合符（引換証）を発行した手荷物をいう。
　⑤「持込手荷物」とは、受託手荷物以外の手荷物で航空会社が機内への持込みを認めたものをいう。
　⑥「手荷物合符」とは、受託手荷物の識別のためにのみ発行する証ひょうで、その一部は手荷物添付用として受託手荷物の個々の物にとりつけ、他の部分は引換証として旅客に渡すものをいう。

【約款の適用】
　①運送約款は、航空会社による旅客及び手荷物の国内航空運送及びこれに付随する業務に適用する。
　②旅客が航空機に搭乗する日において有効な運送約款及びこれに基づいて定められた規定が、旅客の運送に適用されるものとする。
　③旅客は、この運送約款及び同約款に基づいて定められた規定を承認し、かつこれに同意したものとする。

【発行と効力】

　航空会社は、料金を申し受けて、航空券、航空引換証の発行を行います。その際に旅客は氏名、年齢、性別、電話番号その他の連絡先を申し出なければなりません。航空券または航空引換証は旅客本人のみが使用できるものとし、第三者に譲渡することはできません。

【有効期間及び延長】

　航空券で予約事項に搭乗予定便が含まれるものは当該搭乗予定便に限り有効です。搭乗予定便が含まれないものは、航空券発行の日の翌日から起算して 90 日間有効です。有効期間の満了する日までに搭乗しなければ無効となります。旅客が病気その他の事由で旅行不能となった場合、会社が予約した座席を提供できない場合、座席を予約できない場合には、有効期間を延長することができます。ただし、当初の有効期間満了日より 30 日を超えて延長することはできません。

【座席の予約】

　航空機に搭乗するには、座席の予約を必要とします。航空会社は、1 旅客に対して 2 つ以上の予約がされており、かつ、「搭乗区間が同一で、搭乗便出発予定時刻が同一または近接している場合」または「その他、旅客が予約のすべてに搭乗すると合理的に考えられないと会社が判断した場合」のいずれかに合致するときは、予約の全部または一部を取り消すことがあります。

【運送の拒否及び制限】

　航空会社は、「運航の安全のために必要な場合」、「法令、または官公署の要求に従うために必要な場合」、「旅客の行為、年齢または精神的もしくは身体的状態が規定された項目（下記参照）のいずれかに該当する場合」は、旅客の搭乗を拒絶しまたは寄航地で降機させることができます。この場合、航空券の払戻しを行い、取消手数料は一切申し受けません。なお、下記❾、❿の場合には、搭乗拒絶や降機の措置に加えて、行為の継続を防止するため必要と認める措置をとることができます。

①航空会社の特別な取扱いを必要とする場合
②重傷病者または 8 歳未満の小児で付添人のない場合
③感染症または感染症の疑いがある場合
④武器、火薬、爆発物、他に腐蝕を及ぼすような物品、引火しやすい物品、航空機や旅客または搭載物に迷惑もしくは危険を与える物品、または航空機による運送に不適当な物品もしくは動物
⑤他の旅客に不快感を与えまたは迷惑を及ぼすおそれのある場合
⑥旅客が手荷物検査に応じない場合や、携帯品に禁止品目が発見された場合
⑦航空会社の許可なく、機内で、携帯電話機、携帯ラジオ、電子ゲーム等電子機器を使用する場合
⑧機内で喫煙する場合
❾旅客自身もしくは他の人または航空機もしくは物品に危害を及ぼすおそれのある行為を行う場合
❿航空会社係員の業務の遂行を妨げ、またはその指示に従わない場合

【適用運賃・料金】

　適用運賃及び料金は、旅客が航空機に搭乗する日において有効な旅客運賃及び料金とします。ただし、航空券の購入後に、搭乗する便の運賃または料金が値上げされた場合には、値上げの実施日後2か月間に限り、航空券購入時において有効であった現に搭乗する便の運賃または料金を適用します。

　航空会社は、12歳以上の旅客に同伴された座席を使用しない3歳未満の旅客（以下「幼児」）については、同伴者1人に対し1人に限り無償にてその運送を引き受けます。

【旅客の都合による変更・払戻し】

　航空券の予約事項のうち、旅客の都合による、日時、便、区間、経路または目的地の変更については、運賃及び料金の種類ごとに別に定める適用条件によるものとします。

　旅客の都合により航空券を払い戻す場合、旅行区間の全部を払い戻す時には運賃及び料金全額を、一部を払い戻す時には運賃及び料金から搭乗区間の運賃及び料金を差引いた差額を払い戻します。なお、この場合、航空券または航空引換証の1旅行区間につき440円の払戻手数料を申し受けます。

　運賃または料金の払戻しは、航空券または航空引換証と交換にその有効期間満了後の翌日から起算して10日以内に限り行います。

【会社の都合による取消し・変更】

　航空会社の都合によって、運送の全部または一部の履行ができなくなった場合は、旅客の選択により、次の①、②、③のいずれかの措置を講じます。

　①航空会社が選択する次のいずれかによって最初の目的地まで旅客及び手荷物の運送をすること。
　　1）座席に余裕のある航空会社の航空機
　　2）座席に余裕のある他の航空会社の航空機
　　3）他の輸送機関
　②払戻しをすること。
　③未搭乗区間について有効期間の延長を行うこと。

【受託手荷物】

　受託手荷物とは搭乗時に旅客が航空会社に預ける手荷物のことです。航空会社は、受託手荷物に対して手荷物合符を発行し、旅客の搭乗する航空機で運送します。ただし、搭載量の関係等やむを得ない事由がある時は、搭載可能な航空機によって運送することがあります。

　受託手荷物の引渡しを行う場合、航空会社は手荷物合符の持参人が手荷物の正当な受取人であるか否かを確かめなかったことにより生ずる損害に対し、賠償の責に任じません。白金、金、その他の貴金属、貨幣、銀行券、有価証券、印紙類、宝石類、美術品、骨董品その他高価品は、受託手荷物として認めら

れません。なお、手荷物到着後 7 日間を経過しても引き取りがない場合、航空会社は当該手荷物を適宜処分することがあり、この場合における損害及び費用はすべて旅客の負担となります。

【持込手荷物】

　持込手荷物とは、旅客が機内に持ち込む手荷物のことで、大きさ・重量などの制限が会社により定められています。飛行中に座席に装着して使用するチャイルドシートや身体障がい旅客が使用する松葉杖、盲導犬なども持ち込むことができます。刃物類や銃砲刀剣類等類似品及び爆発物類似品（ピストル型ライター等）、その他会社が凶器となり得ると判断するもの（バット、ゴルフクラブ、アイススケート靴等）も持ち込むことはできません。

【無料手荷物許容量】

　無料になる手荷物の範囲が会社や搭乗クラスごとに定められています。座席を使用しない幼児（無料で搭乗する幼児）については無料手荷物許容量の適用はありません。無料手荷物許容量を超える場合には、航空会社が別に定める超過手荷物料金を支払わなければなりません。

【愛玩動物】

　旅客に同伴される愛玩動物について、航空会社は、受託手荷物として運送を引受けます。愛玩動物とは飼い馴らされた小犬、猫、小鳥等をいいます。愛玩動物については、無料手荷物許容量の適用を受けず、旅客は 1 檻あたりの料金を支払わなければなりません。なお、盲導犬、介助犬、聴導犬は愛玩動物ではなく、機内に持ち込みの上、無料で運送されます。

Point5　責任

　航空会社は、旅客の死亡または負傷その他の身体の障害の損害については、損害の原因となった事故または事件が航空機内で生じ、または乗降のための作業中に生じたものである時は賠償の責に任じます。また、受託手荷物その他の物の破壊、滅失、紛失または毀損の場合に発生する損害については、損害の原因となった事故または事件が、手荷物が会社の管理下にあった期間に生じたものである時は、賠償の責に任じます。

　手荷物運送における航空会社の責任は、旅客 1 名につき総額金 15 万円の額を限度とします。手荷物及び旅客が装着する物品の価額の合計が 15 万円を超える場合には、旅客はその価額を申告することができます。この場合には、航空会社は、従価料金として、申告価額の 15 万円を超える部分について 1 万円ごとに 10 円を申し受けます。この場合、申告価額を会社の責任限度としますが、手荷物の実際の価額を超えることはありません。

　旅客が異議を述べないで受託手荷物その他の旅客の物を受け取った時は、その手荷物または物は、良好な状態で引き渡されたものとします。受託手荷物その他の旅客の物の損害に関する通知は、受け取った手荷物または物については、その受取りの日から 7 日以内に、引渡しがない場合は、受け取るはずであった日から 21 日以内に、それぞれ文書によりしなければなりません。

　なお、旅客の死亡や身体の障害についての限度額は、約款では規定されていません。

9　モデル宿泊約款

　「モデル宿泊約款」は、国際観光ホテル整備法による政府登録ホテルや旅館を対象として、観光庁が「モデル」として作成したものですが、多くの宿泊施設において、これと同様の約款が用いられています。

Point1　宿泊契約の申込みと成立

【契約の申込み】

　ホテル・旅館（以下「宿泊業者」）に宿泊契約の申込みをしようとする者は、「宿泊者名」、「宿泊日及び到着予定時刻」、「宿泊料金」、「その他宿泊業者が必要と認める事項」を宿泊業者に申し出ます。また、宿泊客が、宿泊中に当初の宿泊日を超えて宿泊の継続を申し入れた場合、宿泊業者は、その申し出がなされた時点で新たな宿泊契約の申し込みがあったものとして処理します。

【宿泊契約の成立】

　「宿泊契約」は、宿泊業者が申し込みを承諾した時に成立します。宿泊契約が成立した時は、宿泊客は宿泊期間（3日を超える時は3日間）の基本宿泊料を限度として宿泊業者が定める申込金を、宿泊業者が指定する日までに、支払わなければなりません。宿泊客が申込金を宿泊業者が指定した日までに支払わない場合は、宿泊契約はその効力を失うものとします。ただし、当宿泊業者がその旨を宿泊客に告知した場合に限ります。なお、宿泊業者は、契約の成立後に申込金の支払いを要しないこととする特約に応じることがあります。

【契約締結の拒否】

　宿泊業者は、以下の9つの事由のいずれか該当する場合、契約の締結を拒否することができます。

①宿泊の申し込みが、モデル宿泊約款によらない時。

②満室（員）により客室の余裕がない時。

③宿泊しようとする者が、宿泊に関し、法令の規定、公の秩序もしくは善良の風俗に反する行為をするおそれがあると認められる時。

④宿泊しようとする者が、次の1）から3）に該当すると認められる時。

　1）暴力団、暴力団員、暴力団準構成員または暴力団関係者その他の反社会的勢力。

　2）暴力団または暴力団員が事業活動を支配する法人その他の団体である時。

　3）法人でその役員のうちに暴力団員に該当する者があるもの。

⑤宿泊しようとする者が、他の宿泊客に著しい迷惑を及ぼす言動をした時。

⑥宿泊しようとする者が、伝染病者であると明らかに認められる時。

⑦宿泊に関し暴力的要求行為が行われ、または合理的な範囲を超える負担を求められた時。

⑧天災、施設の故障、その他やむを得ない事由により宿泊させることができない時。

⑨都道府県条例の規定する場合に該当する時。

　契約が成立しても、宿泊客と宿泊業者はこれを解除することができます。

　まず、宿泊客の解除権です。宿泊客は、宿泊業者に申し出て、宿泊契約を解除することができますが、宿泊客の責めに帰すべき事由（宿泊客の都合など）により宿泊契約の全部または一部を解除した場合は、違約金を支払います。ただし、申込金の支払期日前に解除する場合、違約金は不要です。

　また、宿泊客が連絡をしないで宿泊日当日の午後X時、または到着予定時刻が宿泊客から明示されている場合はその時刻をY時間経過した時刻になっても到着しない時は、その宿泊契約は宿泊客により解除されたものとみなします。（X、Yの時刻・時間は宿泊業者が規定したもの。）

図表Ⅱ-9-1　違約金の例（ホテル用）

契約申込人数 / 解除の通知を受けた日		不 泊	当 日	前 日	9日前	20日前
一般	14名まで	＿%	＿%	＿%	＿%	＿%
団体	15〜99名	＿%	＿%	＿%	＿%	＿%
	100名以上	＿%	＿%	＿%	＿%	＿%

1）＿%は、基本宿泊料に対する違約金の比率で、宿泊業者が設定する。
2）契約日数が短縮した場合は、その短縮日数にかかわりなく、1日分（初日）の違約金を支払う。
　（例）6泊7日の予定を、宿泊2日目に3泊4日に変更しても、違約金は1日分だけでよい。
3）団体客（15名以上）の一部について契約の解除があった場合、宿泊の10日前（その日より後に申込みがあった場合はその日）における宿泊人数の10%（端数が出た場合には切り上げ）に当たる人数について違約金は不要。
　（例）宿泊の10日前に30名で予約した団体が、25名に変更した場合、10%にあたる3名分の違約金は不要なので、2名分の違約金が必要になる。

　一方、以下の場合においては、宿泊業者から宿泊契約を解除することがあります。なお、宿泊業者がこれらの事由に基づいて宿泊契約を解除した時は、宿泊客がいまだ提供を受けていない宿泊サービス等の料金は収受しません。

①宿泊客が宿泊に関し、法令の規定、公の秩序もしくは善良の風俗に反する行為をするおそれがあると認められる時、または同行為をしたと認められる時。
②宿泊客が次の1）から3）に該当すると認められる時。
　1）暴力団、暴力団員、暴力団準構成員または暴力団関係者その他の反社会的勢力。
　2）暴力団または暴力団員が事業活動を支配する法人その他の団体である時。
　3）法人でその役員のうちに暴力団員に該当する者があるもの。
③宿泊客が他の宿泊客に著しい迷惑を及ぼす言動をした時。
④宿泊客が伝染病者であると明らかに認められる時。
⑤宿泊に関し暴力的要求行為が行われ、または合理的な範囲を超える負担を求められたとき。
⑥天災等不可抗力に起因する事由により宿泊させることができない時。
⑦都道府県条例の規定する場合に該当する時。
⑧寝室での寝たばこ、消防用設備等に対するいたずら、その他宿泊業者が定める利用規則の禁止事項（火災予防上必要なものに限る。）に従わない時。

　宿泊者が支払うべき宿泊料金等の内訳は以下の通りです。＿＿＿の数値は宿泊業者が規定します。

図表Ⅱ-9-2　宿泊料金等の内訳

		内　　　訳
支払総額	宿泊料金	①　基本宿泊料（室料＋朝食等の飲食料） ②　サービス料（①×＿＿＿％）
	追加料金	③　追加飲食（①に含まれるものを除く） ④　サービス料（③×＿＿＿％）
	税　金	消費税 入湯税（温泉地のみ）

①子供料金は小学生以下に適用し、大人に準じる食事と寝具等を提供した時は大人料金の70％、子供用食事と寝具を提供した時は50％、寝具のみを提供した時は30％を適用する。

②宿泊客が宿泊業者の客室を使用できる時間は、午後＿＿＿時から翌朝＿＿＿時までとする。ただし、連続して宿泊する場合においては、到着日及び出発日を除き、終日使用することができる。

③宿泊業者は、②の時間以外の客室の使用に応じることがあり、その場合には次に掲げる追加料金を申し受ける。
　1)　超過3時間までは、室料金の3分の1（または室料相当額の＿＿＿＿＿％）
　2)　超過6時間までは、室料金の2分の1（または室料相当額の＿＿＿＿＿％）
　3)　超過6時間以上は、室料金の全額（または室料相当額の＿＿＿＿＿％）
　　※室料相当額は、基本宿泊料の70％とする。

　支払方法について、宿泊客が料金の支払いを、旅行小切手、宿泊券、クレジットカード等通貨に代わり得る方法により行おうとする時は、宿泊当日のフロントでの氏名等の登録時にそれらを呈示する必要があります。宿泊料金等の支払いは、通貨または通貨に変わり得る方法により宿泊客の出発の際または宿泊業者が請求した時、フロントにおいて行います。また、宿泊業者が宿泊客に客室を提供し使用が可能になったのち、宿泊客が任意に宿泊しなかった場合は、宿泊客は宿泊料金を支払わなければなりません。

Point4　宿泊業者の責任

　宿泊業者は、宿泊契約及びこれに関連する契約の履行に当たり、またはそれらの不履行により宿泊客に損害を与えた時は、それが当宿泊業者の責めに帰すべき事由によるものでない時を除いて、損害を賠償します。さらに損害の内容ごとに次の規定があります。

【契約した客室の提供ができない時の取扱い】

　宿泊業者は、宿泊客に契約した客室を提供できない時は、宿泊客の了解を得て、できる限り同一の条件による他の宿泊施設を斡旋します。他の宿泊施設の斡旋ができない時は、宿泊業者の責めに帰すべき事由がない時を除いて、違約金相当額の補償料を宿泊客に支払い、その補償料は損害賠償額に充当します。

【寄託物等の取扱い】

　宿泊客がフロントに預けた物品または現金並びに貴重品について、滅失、毀損等の損害が生じた時は、不可抗力である場合を除いて、宿泊業者は、その損害を賠償します。ただし、現金及び貴重品については、宿泊業者がその種類及び価額の明告を求めた場合であって、宿泊客がそれを行わなかった時は、宿泊業者はあらかじめ定めた金額を限度としてその損害を賠償します。

　また、宿泊客が、宿泊施設内に持ち込んだ物品または現金並びに貴重品であってフロントに預けなかったものについて、宿泊業者の故意または過失により滅失、毀損等の損害が生じた時は、宿泊業者は、その損害を賠償します。ただし、宿泊客からあらかじめ種類及び価額の明告のなかったものについては、宿泊業者に故意または重大な過失がある場合を除いて、宿泊業者があらかじめ定めた金額を限度として宿泊業者はその損害を賠償します。

【宿泊客の手荷物または携帯品の保管】

　宿泊客の手荷物が、宿泊に先立って宿泊施設に到着した場合は、その到着前に宿泊業者が了解した時に限って責任をもって保管し、宿泊客がフロントにおいてチェックインする際に渡されます。この時の手荷物の保管についての宿泊業者の責任は、上述のフロントに預けた物品に準じて扱います。

　また、宿泊客がチェックアウトしたのち、宿泊客の手荷物または携帯品が宿泊施設に置き忘れられていた場合において、その所有者が判明した時は、宿泊業者は、当該所有者に連絡をするとともにその指示を求めるものとします。ただし、所有者の指示がない場合または所有者が判明しない時は、発見日を含め7日間保管し、その後最寄りの警察署に届けます。この時の手荷物、携帯品の保管についての宿泊業者の責任は、上述のフロントに預けなかった物品に準じて扱います。

【駐車の責任】

　宿泊客が宿泊施設の駐車場を利用する場合、車両のキーの寄託の如何にかかわらず、宿泊業者は場所を貸すだけであって、車両の管理責任まで負うものではありません。ただし、駐車場の管理に当たり、宿泊業者の故意または過失によって損害を与えた時は、その賠償の責めに任じます。

Point 5　宿泊客の責任

　宿泊客の故意または過失により宿泊業者が損害を被った時は、当該宿泊客は宿泊業者に対し、その損害を賠償しなければなりません。

10 海上運送法第9条第3項の規定に基づく標準運送約款

　海上運送法第9条第3項の規定に基づく標準運送約款とは、フェリーの運航に関する国が示した標準運送約款です。内容は「旅客運送の部」、「自動車航送の部」などから構成されていますが、出題は主に「旅客運送の部」からなされています。

Point1　定義

　当約款において、「大人」とは12歳以上の者（小学生を除く）をいい、「小児」とは12歳未満の者及び12歳以上の小学生をいいます。

　また、「手回り品」とは、旅客が自ら携帯または同伴して船室に持ち込む物で、「3辺の長さの和が2メートル以下で、かつ、重量が30キログラム以下の物品」のほか、車いす（旅客が使用するものに限る）、身体障害者補助犬（盲導犬、介助犬、聴導犬であって、法律の規定による表示をしているもの）も含みます。

Point2　運送の引受けと拒否及び解除

【運送の引受けと拒否】
　フェリー会社は、使用船舶の輸送力の範囲内において、運送の申込みの順序により、旅客及び手回り品の運送契約の申込みに応じます。

　しかし、次のいずれかに該当する場合は、運送契約の申込みを拒絶し、または既に締結した運送契約を解除することがあります。

　①旅客が次のいずれかに該当する者である場合
　　1) 感染症の予防及び感染症の患者に対する医療に関する法律による一類感染症、二類感染症、新型インフルエンザ等感染症もしくは指定感染症の患者または新感染症の所見がある者
　　2) 泥酔者、薬品中毒者その他、他の乗船者の迷惑となるおそれのある者
　　3) 重傷病者または小学校に就学していない小児で、付添人のない者
　　4) 年齢、健康上その他の理由によって生命が危険にさらされ、または健康が著しく損なわれるおそれのある者
　②旅客が運送約款の規定に違反する行為を行い、または行うおそれがある場合
　③運送契約の申込みが運送約款と異なる運送条件によるものである場合
　④運送に関し、申込者から特別な負担を求められた場合

【手回り品の持込及び制限】
　旅客は、手回り品（車いす、盲導犬等を除く）を2個に限り船室に持ち込むことができます。ただし、手回り品の大きさ、船舶の輸送力等を勘案し、支障がないと認められた時は、2個を超えて持ち込むことができます。

　しかし、フェリー会社は、手回り品が「臭気を発するもの、不潔なものその他乗船者に迷惑を及ぼす

おそれのあるもの」、「銃砲、刀剣、爆発物、その他乗船者・物品・船舶に危害を及ぼすおそれのあるもの」、「遺体」、「生動物（盲導犬を除く）」に該当するものである時は、その持込みを拒絶することがあります。

【運行の中止】

　フェリー会社は、「気象または海象が船舶の航行に危険を及ぼすおそれがある場合」、「天災、火災、海難、使用船舶の故障その他のやむを得ない事由が発生した場合」、「乗船者の疾病が発生した場合」等のいずれかに該当する場合は、船便の発航の中止または使用船舶、発着日時、航行経路もしくは発着港の変更の措置をとることがあります。

Point3　運賃及び料金

【運賃及び料金の額等】

　旅客及び手回り品の運賃及び料金の額や適用方法については、地方運輸局長に届け出たところによります。運賃及び料金には、旅客の食事代金は含まれていません。

　また、自動車航送を行う場合、自動車航送運賃には運転者1名が2等船室に乗船する場合の運賃が含まれています。

　なお、「1歳未満の小児」、または「大人に同伴されて乗船する1歳以上の小学校に就学していない小児」に該当する小児の運賃及び料金は無料です。ただし、指定制の座席または寝台を1人で使用する場合は、この限りではありません。その他、「重量の和が20キログラム以下の手回り品」、及び「車いす、盲導犬等」の料金は無料です。

【運賃及び料金の収受と変更があった場合】

　フェリー会社は、営業所において所定の運賃及び料金を収受し、これと引き換えに乗船券を発行します。フェリー会社は、旅客が船長等の承諾を得て運賃及び料金を支払わずに乗船した場合、船内において乗船区間等に対応する運賃及び料金を申し受け、これと引き換えに補充乗船券を発行します。

　また、自動車航送を行う場合、自動車の運転者が2等船室以外の船室に乗船しようとする時は、フェリー会社は、当該船室に対応する運賃及び料金の額と2等運賃の額との差額を申し受け、これと引き換えに補充乗船券を発行します。

　なお、運賃及び料金が変更された場合、変更前にフェリー会社が発行した乗船券は、その通用期間内に限り有効です。

【乗船券の通用期間及び乗船券の紛失】

　フェリー会社は、乗船券の通用期間について、次に掲げる図表の通り、区分に応じ、それぞれに定める期間以上の期間を定め、これを券面に記載します。なお、乗船券は指定便に係るものは除かれます。指定便とは、乗船年月日及び便名または発航時刻が指定されている船便をいいます。

図表Ⅱ-10-1　宿泊料金等の内訳

乗船券の種類	距　　　離	通用期間
片道券	100 km未満	発売当日限り
	100 km以上 200 km未満	発売当日を含め 2 日間
	200 km以上 400 km未満	発売当日を含め 4 日間
	400 km以上	発売当日を含め 7 日間
往復券	上の区分と同様	上の各区分の片道券の 2 倍
回数券	—	発売当日を含め 2 か月間

　旅客の疾病等の場合または運行中止や変更により、旅客が乗船を延期し、または継続して乗船することができなくなった場合、乗船券の未使用区間について、7 日間を限度として通用期間が延長されます。また、旅客の乗船後に通用期間が経過した場合、そのまま継続して乗船する間に限り、通用期間は、その間延長されたものとみなします。

　なお、旅客が乗船券を紛失した時は、フェリー会社は改めて運賃及び料金を申し受け、これと引き換えに乗船券を発行します。この場合その旨の証明書が発行され、旅客は紛失した乗船券を発見した時は、その通用期間の経過後 1 年以内に限り、この証明書を添えてフェリー会社に運賃及び料金の払戻しを請求することができます。

Point4　乗船変更

　旅客が乗船券の通用期間の終了前（指定便の場合は発航前）に乗船区間、等級等の変更を申し出た場合、フェリー会社は 1 回に限り、変更の取扱いに応じます。その場合、変更手数料は無料で、変更後の運賃及び料金の額と既に収受した運賃及び料金の額との間に差額がある時は精算します。

　旅客が指定便について当該便の発航後に乗船船便の変更を申し出た場合（乗り遅れた場合）には、フェリー会社は、乗船日に発航する他の船便の輸送力に余裕がある場合に限り、当該乗船券による 2 等船室への乗船変更の取扱いに応じます。

　また、旅客が乗船後に乗船区間、等級・船室の変更を申し出た場合、フェリー会社は輸送力に余裕があり、かつ、乗越しまたは上位の等級・船室への変更となる場合に限り変更の取扱いに応じます。この場合、フェリー会社は変更後の乗船区間等に対応する運賃・料金の額と既に収受した額との差額を申し受け、これと引き換えに補充乗船券を発行します。

　運賃及び料金を払戻しの際の事由とそれに応じた払戻金額、及び手数料の額は以下の通りです。

図表Ⅱ-10-2　運賃及び料金の払戻しの事由と払戻金額

払戻しの事由	払戻金額
①旅客が、入鋏前の指定便でない乗船券について、通用期間内に払戻しの請求をした場合	券面記載金額
②旅客が、入鋏前の指定便に係る乗船券について、発航前に払戻しの請求をした場合	券面記載金額
③死亡、疾病その他により、旅客が乗船することを取り止め、または継続して乗船することができなくなった場合において、通用期間の経過後30日以内に払戻しの請求をしたとき	券面記載金額と既使用区間に対応する運賃及び料金との差額
④急行便が、フェリー会社が定める時間以上遅延して到着した場合に、旅客が払戻しの請求をしたとき	収受した特別急行料金／急行料金の額

※①～③の場合は手数料が必要になる。次図表Ⅱ-10-3参照。

図表Ⅱ-10-3　運賃及び料金の払戻手数料

払戻しの事由と請求時期		手数料額
上の表の①、③の場合		200 円
②の場合	発航日の7日前までの請求	200 円
	発航日の前々日までの請求	券面記載の1割相当額（最低200円）
	発航時刻までの請求	券面記載の3割相当額（最低200円）

Point6　賠償責任

　フェリー会社は、旅客が船長またはフェリー会社の係員の指示に従い、乗船港の乗降施設（改札口がある場合にあっては改札口）に達した時から下船港の乗降施設を離れた時までの間に、その生命または身体を害した場合は、これにより生じた損害について賠償する責任を負います。ただし、「フェリー会社が、船舶に構造上の欠陥等がなかったことや、損害を防止するために必要な措置をとったことまたは不可抗力などの理由によりその措置をとることができなかったことを証明した場合」、及び「損害が、旅客または第三者の故意もしくは過失により、または旅客がこの運送約款を守らなかったことにより生じたことをフェリー会社が証明した場合」においてはこれを適用しません。

　一方、旅客が、故意もしくは過失により、またはこの運送約款を守らなかったことによりフェリー会社に損害を与えた場合は、フェリー会社は旅客に対し、その損害の賠償を求めることがあります。

11　一般貸切旅客自動車運送事業標準運送約款

　貸切バス事業者は、あらかじめ運送約款を定め、これにより画一的に運送の引受けに応じる仕組みになっています。一般貸切自動車運送事業標準運送約款は、国が示した標準運送約款です。

Point1　運送契約の申込みと成立及び拒絶

【契約の申込み】
　バス会社に旅客の運送を申し込む者は、「申込者の氏名または名称及び住所または連絡先」、「バス会社と運送契約を結ぶ者（契約責任者）の氏名または名称及び住所」、「旅客の団体の名称・乗車申込人員・乗車定員別または車種別の車両数」、「配車の日時及び場所」、「旅行の日程（出発時刻、終着予定時刻、目的地、主たる経過地等）」、「運賃の支払方法」等を記載した運送申込書を提出しなければなりません。

【運送契約の成立】
　バス会社は、上記の運送申込書の提出があった場合において、運送を引き受ける時は、契約責任者に対し運賃及び料金の支払いを求めます。バス会社は、所定の運賃及び料金の20%以上の支払いがあった時には、所定事項並びに運賃及び料金に関する事項を記載した乗車券を発行し、これを契約責任者に交付します。運送契約は、乗車券を契約責任者に交付した時に成立します。

【運送の引受け及び継続の拒絶】
　バス会社は、以下の 12 の事由に該当する場合、次のいずれかに該当する場合、運送の引受けまたは継続を拒絶し、制限することがあります。

　①運送の申込みが運送約款によらないものである時。
　②運送に適する設備がない時。
　③運送に関し、申込者から特別な負担を求められた時。
　④運送が法令の規定または公の秩序もしくは善良の風俗に反するものである時。
　⑤天災その他やむを得ない事由による運送上の支障がある時。
　⑥旅客が乗務員の旅客自動車運送事業運輸規則の規定に基づいて行う措置に従わない時。
　⑦旅客が旅客自動車運送事業運輸規則の規定により持込みを禁止された刃物その他の物品を携帯している時。
　⑧旅客が規定により持込みを拒絶された物品を携帯している時。
　⑨旅客が泥酔した者または不潔な服装をした者等であって、他の旅客の迷惑となるおそれのある時。
　⑩旅客が監護者に伴われていない小児である時。
　⑪旅客が付添人を伴わない重病者である時。
　⑫旅客が感染症の予防に関する法律等による感染症の患者または感染症の患者とみなされる時。

　運送契約の成立後に、契約責任者が契約内容を変更しようとする時は、あらかじめ書面によりバス会社の承諾を求めなければなりません。ただし、緊急の場合及びバス会社の認める場合は、書面の提出を要しません。ただし、変更しようとする事項が当初と著しく相違する場合、その他運行上の支障がある場合には、その変更を承諾しないことがあります。

　また、バス会社は、車両の故障その他緊急やむを得ない事由により、契約された運送を行い得ない場合は、運送契約を解除し、または契約責任者の承諾を得て、運送契約の内容を変更することがあります。

Point3　運賃及び料金

　バス会社が収受する運賃及び料金は、乗車時において地方運輸局長に届け出て実施しているものによります。バス会社は契約責任者に対し、所定の運賃及び料金の20％以上を運送申込書の提出時に、残額を配車の日の前日までにそれぞれ支払うよう求めます。なお、ガイド料、有料道路利用料、航送料、駐車料、乗務員の宿泊費等当該運送に関連する費用は、契約責任者の負担とします。

　バス会社は、「幼稚園、小学校、中学校、高等学校等に通学または通園する者の団体」、「児童福祉法、身体障害者福祉法などに規定する施設に収容されている団体」に対して運賃を割り引くほか、「区間もしくは期間を限り、または一定の旅客」に対して運賃を割り引くことがあります。

　一方、バス会社は、地方運輸局長に届け出たところにより、特別な設備を施した車両を使用する場合等には、運賃の割増しをします。

Point4　特殊な取扱い

　契約責任者がその都合により運送契約を解除する時は、その時期に応じて違約料が必要となります。

図表Ⅱ-11-1　解除の時期による違約料の額

解除の時期	違約料
配車日の14日前から8日前まで	所定の運賃及び料金の20％に相当する額
配車日の7日前から配車日時の24時間前まで	所定の運賃及び料金の30％に相当する額
配車日時の24時間前以降	所定の運賃及び料金の50％に相当する額

　また、契約責任者が都合により配車車両数の20％以上の数の車両の減少を伴う運送契約の内容の変更をする時は、減少した配車車両につき、上図表により算出した額の違約料が必要となります。

　例えば、バス10台を配車する契約が成立していて、配車日の5日前に9台に変更された場合は、1台（10％）の減少なので違約料は不要となります。また、同様の契約が成立していて、配車日の5日前に8台に変更された場合は、2台（20％）の減少なので違約料が必要となります。上図表に照らし合わせると、解除の時期が5日前なので、1台につき所定の運賃及び料金の30％に相当する額が違約料となります。

　バス会社は、乗車券の券面に記載した配車日時に所定の配車をした場合において、出発時刻から30分

を経過しても旅客が乗車についての意思表示をしない時には、当該車両について運送契約に係る運送の全部が終了したものとみなします。ただし、天災その他やむを得ない事由による場合には適用しません。

　また、旅客が「運送の引受け及び継続の拒絶」〔p.73〕の規定により、運送の継続を拒絶された時は、当該旅客について運送契約に係る運送の全部が終了したものとみなします。（ただし、「⑤天災その他やむを得ない事由による運送上の支障がある時」を除きます。）

　バス会社は、自動車の故障その他の責に帰すべき事由により、自動車の運行を中止した時は運賃及び料金の払戻しをします。運行を中止した区間に係る運賃及び料金の額を払い戻しますが、目的地の一部にも到達しなかった場合は、すでに収受した運賃及び料金の全額を払い戻します。

Point5　バス会社、旅客の責任

　バス会社は、自動車の運行によって、旅客の生命または身体を害した時は、その損害が車内において、または旅客の乗降中に生じた場合に限りこれによって生じた損害を賠償する責に任じます。ただしバス会社の係員が運行に関し注意を怠らなかったこと、旅客または係員以外の第三者に故意または過失のあったこと並びに自動車に構造上の欠陥または機能の障害がなかったことを証明した時は、この限りでありません。

　また、バス会社は、天災その他バス会社の責に帰することができない事由により輸送の安全の確保のため一時的に運行中止等の措置をした時は、これによって旅客が受けた損害を賠償する責に任じません。

　一方、バス会社は、旅客の故意もしくは過失によりまたは旅客が法令もしくはこの運送約款の規定を守らないことによりバス会社が損害を受けた時は、その旅客に対し、その損害の賠償を求めます。

Point6　バス会社と旅行業者との関係

　バス会社は、旅行業者から旅客の運送の申込みがあった場合には、旅行業者と旅客または契約責任者の関係を、「企画旅行」と「手配旅行」との区分により明確にするように求めます。

　バス会社は、旅行業者が「企画旅行」の実施のため旅客の運送を申し込む場合には、当該旅行業者を契約責任者として運送契約を結びます。

　バス会社は、旅行業者が「手配旅行」の実施のため、旅客の運送を申し込む場合には、当該旅行業者に手配旅行の実施を依頼した者と運送契約を結びます。（ただし、当該旅行業者が手配旅行の実施を依頼した者の代理人となる時は、旅行業者に対し、代理人であることの立証を求めることがあります。）

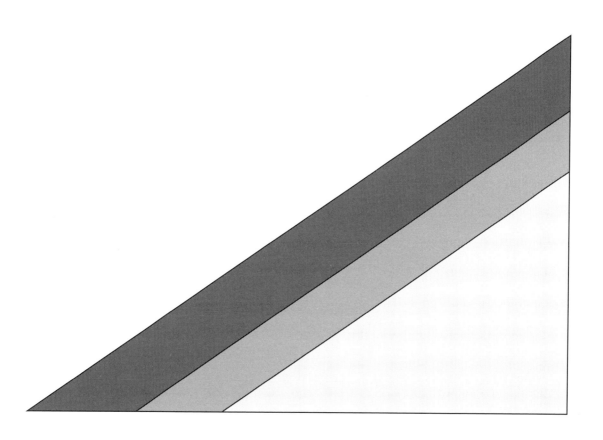

Ⅲ部

国内旅行実務

1　ＪＲ運賃・料金　〜総則〜

　1987 年に日本国有鉄道（国鉄）が民営化され、旅客事業を継承した 6 つの会社（JR 北海道・JR 東日本、JR 東海、JR 西日本、JR 四国、JR 九州）と 1 つの貨物事業会社になっています。

　6 つの旅客事業会社は、基本的には全国共通の規則で運営されていますが、完全に統一されているわけではなく、運賃や料金の一部は各会社が独自に規定した規則があります。また、会社間をまたいで利用する場合などは運賃を調整する必要があり、規則はやや複雑になっています。

Point1　運賃と料金

　「運賃」とは、出発地から目的地までの旅客の輸送の対価となる額で、JR を利用する場合に購入する乗車券の対価であり、原則として距離を基準として決定されています。運賃は、普通列車を利用する場合、快速列車を利用する場合、特急列車を利用する場合など、すべての場合に必要となります。

　「料金」は、JR が提供する特別な設備やサービスを利用する場合の対価となる額で、提供を受ける設備やサービス等により異なります。スピードに対する特急料金や、快適な設備に対するグリーン料金などが代表的です。

　例えば、東京〜新大阪間を新幹線「のぞみ号」のグリーン車を利用した場合、運賃・料金の合計額は 19,590 円となりますが、その内訳は、運賃が 8,910 円、特急料金が 5,280 円、グリーン料金が 5,400 円です。

Point2　運賃と料金の種類

　乗車券と料金券を合わせて乗車券類といいます。代表的なものは以下の通りです。

図表Ⅲ-1-1　運賃と料金の種類

券　　種		概　　　要
運賃	普通乗車券	片道乗車券	片道 1 回乗車する場合に発売
		往復乗車券	同一区間を往復する場合に発売
		連続乗車券	乗車区間が 1 周してさらに超える場合、または、乗車区間の一部が重なる場合に発売
		団体乗車券	団体旅客用（普通、学生、訪日観光）
料金	特急券	新幹線特急券	指定席、自由席
		在来線特急券	指定席、自由席
	グリーン券		特急・急行列車用、普通列車用、グランクラス
	急行券		急行列車用
	寝台券		A 寝台、B 寝台
	指定席券		急行列車用、普通列車用

図表Ⅲ-1-2　乗車券類の種類と発売日

乗車券類の種類	発　売　日
片道乗車券、往復乗車券、連続乗車券	原則として乗車日
普通急行券、自由席特急券、自由席グリーン券	同時に使用する指定券を伴う場合は、当該指定券の発売日
指定券（指定席特急券、指定席グリーン券、寝台券）	始発駅出発日の１ヵ月前の同一日[注]
団体乗車券	運送引受け後、始発駅出発日の１か月前の同一日

注：始発駅出発日の１か月前に同一日がない場合は、始発駅を出発する月の１日が発売日となる。

Point4　乗車券類と年齢区分

　旅客は年齢により、以下の４つに区分されます。年齢区分が規定されていますが、実質的には小学生は小児、中学生から大人という扱いになっています。

図表Ⅲ-1-3　年齢区分

種別	区　　　分
大人	12 歳以上（ただし、小学校在学中は小児）
小児	6 歳以上 12 歳未満（ただし、小学校入学前は幼児）
幼児	1 歳以上 6 歳未満
乳児	1 歳未満

【小児の取扱い】

　小児の運賃は、原則として大人運賃の半額になります。（10 円未満の端数は切り捨て。）

　小児の料金のうち、特急料金は原則として大人の半額になります。（10 円未満の端数は切り捨て。）ただし、グリーン料金、寝台料金は大人と同額になります。

【幼児の取扱い】

　幼児が大人または小児に随伴している時、幼児 2 人まで運賃・料金は無料になりますが、3 人目から小児の運賃・料金を収受します。

　例えば、大人 1 人が 2 人の幼児を随伴して、普通列車に乗車する場合は、大人 1 人分の運賃のみ必要となります。また、大人 1 人が 3 人の幼児を随伴して、普通列車に乗車する場合は、大人 1 人分と小児 1 人分の運賃が必要となります。

　なお、「幼児が単独で乗車する時」、及び「指定席、グリーン席、寝台を幼児が単独で利用する時」は、小児として取り扱われます。

2　ＪＲ運賃・料金　〜運賃計算の基本〜

JRの路線は、幹線と地方交通線に区別されます。

「営業キロ」とは、ほぼ実測に基づいて表示されている駅間の距離です。一方、「換算キロ」とは、営業キロに一定の割増しをして設定されている距離（正確には賃率換算キロ）です。

なお、「換算キロ」はJR本州3社とJR北海道で用いられており、JR四国と九州ではほぼ同じ趣旨で「擬制キロ」という名称を用いています。

図表Ⅲ-2-1　幹線と地方交通線

種　別	概　　　　要
幹線	全国の主要な都市を結ぶ、輸送量の多い路線
地方交通線	小さな都市間を結ぶ、輸送量の少ない路線。運賃額は幹線よりも高額になります。

※本試験では、幹線は「営業キロ」のみで表示され、地方交通線は「営業キロと換算キロ（擬制キロ）」で
　表示されるので、個別の路線ごとの区分を覚える必要はない。

【具体例】　　東海道本線・山陽本線〈幹線〉　　　　　　　　八高線〈地方交通線〉

名古屋 ■■■■■■■■■■■■■■■■■■■■ 姫路　　　高麗川 ─────────────── 高崎

　　　　　営業キロ 278.3 km　　　　　　　　　　　　　　営業キロ　65.3 km

　　　　　　　　　　　　　　　　　　　　　　　　　　　　換算キロ　74.1 km

本州3社は共通の運賃表を用いていますので、この点では同一会社とみなします。幹線と比較すると地方交通線の方が高額になるよう設定されています。JR北海道は本州3社とは運賃表は異なりますが、計算方法は共通です。

JR四国、JR九州では、運賃表は異なりますが計算方法は同一です。本州3社と同様に、地方交通線の方が幹線と比較すると高額になるよう設定されています。

図表Ⅲ-2-2　本州3社・JR北海道の利用線別の運賃計算方法

利用線	運賃の計算方法
ａ．幹線のみ利用する場合	営業キロを用いて、幹線用の運賃表から求める。
ｂ．地方交通線のみ利用する場合	営業キロを用いて、地方交通線用の運賃表から求める。
ｃ．幹線と地方交通線をまたがって利用する場合	運賃計算キロを用いて、幹線用の運賃表から求める。

図表Ⅲ-2-3　JR四国・JR九州の利用線別の運賃計算方法

利用線	運賃の計算方法
ａ．幹線のみ利用する場合	営業キロを用い、それぞれの会社の運賃表から求める。
ｂ．地方交通線のみ利用する場合	擬制キロを用い、それぞれの会社の運賃表から求める。
ｃ．幹線と地方交通線をまたがって利用する場合	運賃計算キロを用い、それぞれの会社の運賃表から求める。

　本州3社は同じ運賃表を採用していますが、JR北海道、JR四国、JR九州の3島会社は独自の運賃表を採用しています。そのため、本州3社と3島会社をまたがって利用する時は調整が必要です。

　以下は、JR本州3社とJR北海道、JR四国、JR九州の境界となる駅（境界駅）です。左側が本州方面となります。在来線とは新幹線以外の路線を指します。なお、山陽新幹線（新大阪～博多）はJR西日本が運行していますので、新幹線に乗車中の区間はJR西日本の管轄になります。

①本州方面 ◄─── （JR東日本）── 新青森 ── （JR北海道）──► 北海道方面
②本州方面 ◄─── （JR西日本）── 児　島 ── （JR四国）──► 四国方面
③本州方面 ◄─── （JR西日本・在来線）─ 下　関 ─（JR九州・在来線）──► 九州方面
④本州方面 ◄─── （JR西日本・新幹線）─ 小　倉 ─（JR九州・在来線）──► 九州方面
⑤本州方面 ◄─ （JR西日本・新幹線）─ 博　多 ─（JR九州・新幹線、在来線）──► 九州方面

　本州3社と3島会社にまたがる全区間を、「本州3社」の運賃表で計算した額を「基準額」といいます。そして、3島会社内の区間を、それぞれの会社の加算額表から求めて、基準額に加える額を「加算額」といいます。本州3社と3島会社にまたがる区間の運賃は、「基準額＋加算額」の合計額になります。

図表Ⅲ-2-4　基準額と加算額

本州方面 ◄────────────── 境界駅 ──────────────► 北海道・四国・九州方面

　　　　　　　基準額

　　　　　　　　　　　加算額

Point4　距離の通算

【距離の通算（原則）】

　運賃を計算する距離は、列車ごとに計算するのではなく、同一方向に行程が連続していれば全区間を通算して計算できます。

【具体例】

東京 ──────── 静岡 ──────── 名古屋 ──────── 京都

　東京～京都間の営業キロは513.6kmあり、乗車券の有効期間は4日間あるので、この行程で、静岡、名古屋に1泊ずつしても東京～京都間の運賃で途中下車することができる。

以下のような形態を連続乗車といい、複数の乗車券が発行されます。これらの乗車券を連続乗車券といいます。

【行程の途中に往復乗車を含む行程】
　行程が連続していても、行程の途中で一部区間を往復する場合は、2つの区間に分けます。

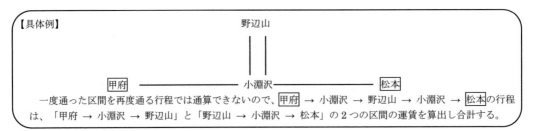

　一度通った区間を再度通る行程では通算できないので、甲府 → 小淵沢 → 野辺山 → 小淵沢 → 松本の行程は、「甲府 → 小淵沢 → 野辺山」と「野辺山 → 小淵沢 → 松本」の2つの区間の運賃を算出し合計する。

【環状線を一周してさらに先に進む行程】
　行程を環状に一周して、さらに先に進む場合も、2つの区間に分けます。

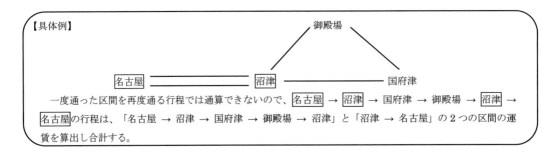

　一度通った区間を再度通る行程では通算できないので、名古屋 → 沼津 → 国府津 → 御殿場 → 沼津 → 名古屋の行程は、「名古屋 → 沼津 → 国府津 → 御殿場 → 沼津」と「沼津 → 名古屋」の2つの区間の運賃を算出し合計する。

3　ＪＲ運賃・料金　～運賃計算の特例～

Point1　通過連絡運輸

　行程の途中でJR以外の他社線を経由する場合、双方の契約により通過連絡運輸の取扱いをする区間では、前後のJR区間を通算して運賃を算出することができます。

【具体例】　名古屋～JR線～伊勢鉄道～JR線～新宮の運賃
　　　　　　JR本州3社の幹線用運賃表：41～45 km 770円／161～180 km 3,080円／201～220 km 3,740円

　　　　　JRと伊勢鉄道は「通過連絡運輸」の取扱いを行っているので、JR区間（「名古屋～河原田」、「津～新宮」）の距離を通算することができる。44.1 km＋164.7 km＝208.8 km→209 kmとなり、この区間のJRの運賃は3,740円である。このJRの運賃に伊勢鉄道の運賃（520円）を合算して、合計額は3,740円＋520円＝4,260円となる。

　その他、JRの特急列車が運行し、かつ通過連絡運輸の取扱いをする区間は、ワイドビュー南紀が運行する河原田～津間（伊勢鉄道）、カシオペア、北斗星などが運行する盛岡～青森間（IGRいわて銀河鉄道、青い森鉄道）、スーパーいなば、スーパーはくとが運行する智頭～上郡間（智頭急行）などがあります。

Point2　特定都区市内を発着する場合

　大都市などの特定の都区市内の駅を発（または着）とする場合、そのエリアの中心となる駅から（駅まで）の営業キロが200 kmを超える駅との間の運賃は、実際の乗車駅ではなく、中心駅から（中心駅まで）の運賃と同額とする規則があります。

　特定の都区市内とその中心駅は、札幌市内（札幌駅）、仙台市内（仙台駅）、東京23区内（東京駅）、横浜市内（横浜駅）、名古屋市内（名古屋駅）、京都市内（京都駅）、大阪市内（大阪駅）、神戸市内（神戸駅）、広島市内（広島駅）、北九州市内（小倉駅）、福岡市内（博多駅）の11都市となります。

【具体例】宇治駅と鳥取駅の間の運賃
　　桃山駅は京都市内の駅であり、中心駅は京都駅である。
　　JR本州3社の幹線用運賃表：241～260 km 4,510円／261～280 km 4,840円

　　　鳥取～桃山間は253.5 km＋7.2 km＝260.7 km⇒261 kmとなり、4,840円になるはずであるが、桃山駅は特定都区市内の京都市に属し、中心駅が京都駅であるので、運賃は253.5 km　⇒　254 kmとして、4,510円になる。

なお、この規則が適用された場合、特定都区市内では途中下車できません。前掲の例では、鳥取（または桃山）から乗車して、京都市内の駅で下車した場合、その乗車券では再び乗車できません。乗車券の券面には「鳥取 → 京都市内」と表示され、京都市内での下車駅は表記されません。

Point3　特定区間

　JR が指定した複数の経路がある区間では、実際の乗車経路に関わりなく JR の指定した短い経路を利用した運賃・料金が適用されます。代表的な例を紹介します。

①JR 北海道：森～大沼間は、大沼公園経由で計算します。

②JR 西日本：山科～近江塩津間は、湖西線経由で計算します。

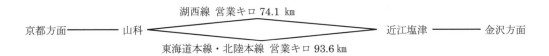

Point4　新幹線と在来線（原則と注意を要する区間）

　新幹線のキロ数は、原則として並行する在来線がある場合、在来線のキロ数を用います。

4 ＪＲ運賃・料金 ～運賃の割引～

　これまでの運賃額は、割引のない大人の普通旅客運賃を前提にしていましたが、JRでは各種の運賃割引を講じています。旅行業務取扱管理者試験では、主に「往復割引」、「学生割引」、「団体割引」の3つの割引が出題されています。そのうち団体割引については後に説明します。〔p.93〕

Point1　往復割引

　有効期間内に、同一区間・経路で乗車し営業キロが片道で600kmを超える区間を往復乗車することが割引条件です。割引率は、往路と復路について、それぞれ普通旅客運賃を1割引します。
　岡山～東京間（普通片道運賃10,670円）を往復した場合の運賃は以下の通りです。

　　　往路：10,670円×0.9＝9,603円　→　9,600円（10円未満切り捨て）
　　　復路：10,670円×0.9＝9,603円　→　9,600円（10円未満切り捨て）
　　　合計：9,600円＋9,600円＝19,200円

Point2　学生割引

　「学校学生生徒旅客運賃割引証」を提出し、営業キロが片道で100kmを超える区間を乗車することが割引条件です。往復割引と同様に営業キロで判断します。割引率普通旅客運賃を2割引します。なお、往復利用する必要はありません。
　博多～長崎間（普通片道運賃2,860円の片道の場合）に学生割引を適用した運賃は以下の通りです。

　　　片道：2,860円×0.8＝2,288　→　2,280円（10円未満切り捨て）

Point3　割引の重複（往復割引と学生割引）

　JRの割引制度では原則として2つの割引が重ねて適用されることはありませんが、上述の「往復割引」と「学生割引」については例外的に重複して適用できます。
　岡山～東京間で「学校学生生徒旅客運賃割引証」を提出した学生が往復利用する場合の運賃計算手順は以下の通りです。

　　①まず往復割引を適用する。往路：10,670円×0.9＝9,603円　→　9,600円（10円未満切り捨て）
　　②次に学生割引を適用する。往路：9,600円×0.8＝7,680円
　　③往復分を求める。7,680円＋7,680円＝15,360円

　往復割引→学生割引の順で割引をし、そのつど端数を整理して10円未満を切り捨てることに注意しましょう。

5 ＪＲ運賃・料金　～料金～

図表Ⅲ-5-1　料金の種類

種　　別			概　　要
急行料金	特別急行料金	指定席特急料金	特急列車の指定席に乗車
		自由席特急料金	特急列車の自由席に乗車
		立席特急料金	全席指定の列車の一部区間で、座席の指定なしで発売
		特定特急料金	一定の条件で、低額に設定されている
	普通急行料金		普通急行列車に乗車
特別車両料金 （グリーン料金）	特別車両料金（A）		特急・急行列車のグリーン席を利用
	特別車両料金（B）		普通列車のグリーン席を利用
寝台料金	A寝台料金		A寝台を利用（1人・2人用個室を含む）
	B寝台料金		B寝台を利用（1人・2人用個室を含む）
座席指定料金			急行・普通列車の指定席を利用

　運賃は、片道で行程が連続していれば乗車駅から下車駅まで通しで計算しますが、料金は原則として1つの列車ごとに設定されています。また、利用するサービスや設備の対価として設定されているため、1つの列車に複数の料金が必要になる場合があります。

Point2　特急料金の原則

【新幹線と在来線の特急料金】

　特急料金は「新幹線用の特急料金」と「在来線用の特急料金」があります。新幹線はあらかじめ駅間ごとに設定され、在来線は会社別に距離（営業キロ）によって設定されています。

図表Ⅲ-5-2　新幹線名と列車名

名　　称	区　　間	列　車　名
東海道新幹線	東京駅～新大阪駅	のぞみ、ひかり、こだま
山陽新幹線	新大阪駅～博多駅	のぞみ、みずほ、ひかり、こだま、さくら、つばめ
九州新幹線	博多駅～鹿児島中央駅	みずほ、さくら、つばめ
東北・北海道新幹線	東京駅～新函館北斗駅	はやぶさ、はやて、やまびこ、なすの
上越新幹線	東京駅～新潟駅	とき、たにがわ
北陸新幹線	東京駅～金沢駅	かがやき、はくたか、つるぎ、あさま
秋田新幹線	東京駅～秋田駅	こまち
山形新幹線	東京駅～新庄駅	つばさ

図表Ⅲ-5-3　東海道・山陽新幹線「のぞみ」の指定席特急料金（抜粋）－通常期－（単位：円）

駅名	東京						
品川	2,500	品川					
新横浜	2,500	2,500	新横浜				
名古屋	4,920	4,920	4,920	名古屋			
京都	5,810	5,810	5,470	3,270	京都		
新大阪	5,810	5,810	5,810	3,270	2,500	新大阪	
新神戸	5,920	5,920	5,920	4,250	2,610	2,500	新神戸

東海道・山陽新幹線では「のぞみ、みずほ」の特急料金と、「ひかり、こだま、さくら」の特急料金は異なり、2種類の料金体系になっています（「のぞみ、みずほ」の方が高額）。東北新幹線でも、「はやぶさ」と「はやて、やまびこ、なすの」の 2 種類の料金体系になっており、「はやぶさ」の方が高額です。

図表Ⅲ-5-4　在来線のA特急料金（JR北海道を除く）－通常期 指定席特急料金－

営業キロ	50 km まで	100 km まで	150 km まで	200 km まで	300 km まで	400 km まで	600 km まで	601 km 以上
料金	1,290 円	1,730 円	2,390 円	2,730 円	2,950 円	3,170 円	3,490 円	3,830 円

※営業キロを基準とする。また、上記以外に在来線の特急料金は、会社ごとに距離に応じた「B特急料金」が設定されている。

【普通車を利用する場合の特急料金】
　特急列車の指定席を利用する場合の特急料金は、時期によって「繁忙期」「通常期」「閑散期」に分かれます。金額は「通常期」を基準に、繁忙期は「通常期＋200円」、閑散期は「通常期－200円」となります。また、自由席を利用する場合の特急料金は、利用する時期に関係なく、通常期の指定席特急料金から530円差し引いた額になります。

図表Ⅲ-5-5　時期区分と該当日

時　期	該　当　日
繁忙期	3/21〜4/5、4/28〜5/6、7/21〜8/31、12/25〜1/10
閑散期	1/16〜2月末、6月、9月、11/1〜2/20 の月〜木曜日（ただし、祝日とその前日及び振替休日を除く）
通常期	上記以外の日

【グリーン席または寝台車を利用する場合の特急料金（新幹線・在来線共通）】
　グリーン席、寝台車を利用する場合の特急料金は、利用する時期に関係なく、通常期の指定席特急料金から530円差し引いた額になります。したがって、自由席を利用した場合と同額になりますが、別途グリーン料金、寝台料金が必要となります。

【通過連絡運輸の場合】
　通過連絡運輸の取扱い〔p.83 参照〕をする場合、運賃だけでなく料金も JR 区間を合算して距離に応じて適用することができます。

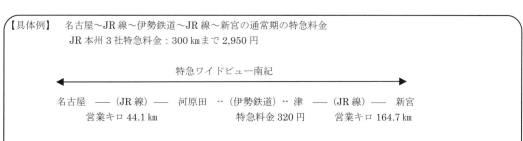

【具体例】　名古屋〜JR線〜伊勢鉄道〜JR線〜新宮の通常期の特急料金
　　　　　　JR 本州 3 社特急料金：300 km まで 2,950 円

特急ワイドビュー南紀

名古屋　――（JR線）――　河原田　‥（伊勢鉄道）‥　津　――（JR線）――　新宮
営業キロ 44.1 km　　　　　　　　特急料金 320 円　　　営業キロ 164.7 km

　「通過連絡運輸」の取扱いをする区間であるので、JR 区間は 44.1 km＋164.7 km＝208.8 km→209 km となり、この区間の JR の特急料金は 2,950 円である。したがって合計額は 2,950 円＋320 円＝3,270 円となる。

Point 3　グリーン料金

　グリーン料金は、利用区間の営業キロによって設定されています。特急・急行用、普通車用が会社ごとに分かれており、利用する列車ごとに適用されます。

図表Ⅲ-5-6　グリーン料金の例（抜粋）

JR 北海道、東海、西日本、四国及び JR 各社間にまたがる場合					
営業キロ	100 kmまで	200 kmまで	400 kmまで	600 kmまで	800 kmまで
料金	1,300 円	2,800 円	4,190 円	5,400 円	6,600 円

JR 東日本のグリーン料金、グランクラス料金					
営業キロ	100 kmまで	200 kmまで	300 kmまで	700 kmまで	700 km以上
グリーン料金	1,050 円	2,100 円	3,150 円	4,190 円	5,240 円
グランクラス料金	6,290 円	7,340 円	8,390 円	9,430 円	10,480 円

Point4　寝台料金

　寝台を利用する場合の料金は、設備内容により A 寝台と B 寝台があり、それぞれに個室もあります。料金は利用区間の距離に関係なく、1 回の利用に対して設定されています。1 つの寝台を 2 人で利用することは原則としてできませんが、小児や幼児が含まれている時は、以下の図表の通り 2 人で 1 つの寝台を利用することができます。

図表Ⅲ-5-7　1 つの寝台を 2 人で利用できる場合（特急列車を利用）

利用人員	運　　賃	特急料金	寝台料金
大人と小児	大人運賃＋小児運賃	大人料金＋小児料金	1 人分の料金
大人と幼児（乳児）	大人運賃×1	大人料金×1	
小児と小児	小児運賃×2	小児料金×2	
小児と幼児（乳児）	小児運賃×1	小児料金×1	

Point5　小児の料金

　小児の運賃は大人運賃の半額でしたが、料金は種類により半額になるものとならないものがあります。半額になる場合、10 円未満は切り捨てます。

　特急料金、急行料金、座席指定料金は、大人の半額になります。普通車指定席の場合は繁忙期、閑散期の±200 円の後に半額にします。

　グリーン料金、寝台料金は、大人と同額になります。

6 ＪＲ運賃・料金 ～特急料金の特例～

Point1 新幹線の特急料金

【新幹線内乗継】

特急料金は乗車した列車ごとに計算しますが、多くの新幹線は列車ごとに停車駅が異なるため、同一方向（上り→上り、下り→下り）に２つ以上の列車を乗り継いで、途中駅で改札口から出場しない限り、１個の列車に乗車したものとして特急料金（グリーン料金）を算出することができます。

> 【具体例】通常期の普通車指定席を利用
>
> さくら利用　4,700 円　　　　　　　こだま利用　3,060 円
>
> 新大阪 ─────────────── 広島 ─────────────── 新下関
>
> 広島駅で改札口から出場しなければ、新大阪～新下関間の特急料金 5,490 円が適用される。

ただし以下の２つの場合、新幹線内乗継は適用できません。

> 【具体例】東京駅の乗継の場合　　　※金額は通常期指定席特急料金
>
> こだま利用　3,060 円　　　　　　やまびこ利用　4,270 円
>
> 静岡 ─────────────── 東京 ─────────────── 福島
>
> 東海道新幹線と東北新幹線や上越新幹線、北陸新幹線を東京駅で乗り継いでも相互に乗り入れていないため、新幹線内乗継の適用はなく、それぞれの特急料金の合計額（円）が必要となる。

> 【具体例】高崎駅、大宮駅での上りと下りの乗継の場合　　　※金額は通常期指定席特急料金
>
> とき利用　4,060 円　　　　　　あさま利用　3,170 円
>
> 新潟 ─────────────── 高崎 ─────────────── 長野
>
> 新潟→高崎は上り列車、高崎→長野は下り列車であるので新幹線内乗継の適用はなく、それぞれの特急料金の合計額（円）が必要となる。

【料金のタイプの異なる列車の新幹線内乗継と差額】

東海道・山陽新幹線の特急料金は (A)「のぞみ、みずほ」＞ (B)「ひかり、こだま、さくら」の関係で、(A) タイプの列車の特急料金の方が高額に設定されています。そのため、(A) と (B) の列車で新幹線内乗継をする場合の計算方法は、全体に (B) の料金を算出した上で、(A) の乗車区間の差額を加算する必要があります。東北新幹線では (A) タイプは「はやぶさ」、(B) タイプは「はやて、やまびこ、なすの」です。

図表Ⅲ-6-1　料金のタイプの異なる列車の新幹線内乗継と差額（概念図）

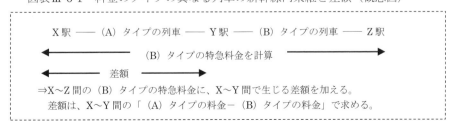

新幹線内乗継で、一方の列車が指定席、他方の列車が自由席を利用した場合、全区間で指定席を利用したものとして特急料金を適用します。

> 【具体例】　通常期の普通車指定席と自由席を利用
> 　　　　　　資料：京都〜岡山（のぞみ）4,250 円　　京都〜新倉敷（こだま）3,930 円
> 　　　　　　　　　京都〜岡山（こだま）3,930 円　　岡山〜新倉敷（こだま）870 円
>
> 　　　　　　　　新幹線「のぞみ」指定席　　　　　　新幹線「こだま」自由席
> 　京都 ———————————————— 岡山 ———————————————— 新倉敷
> 　　　　　　　　　※ただし岡山駅では改札口から出場しない
>
> 　指定席と自由席を利用しているが、京都〜新倉敷間では指定席を利用した場合の特急料金を算出する。
> 「全区間のひかり・こだまの特急料金」＋「（京都〜岡山間の）のぞみとこだまの特急料金の差」
> ＝3,930 円＋（4,250 円−3,930 円）＝4,250 円

Point2　在来線の特急料金

　在来線でも、次の区間では複数の列車を乗り継いでも、乗継駅の改札口から出場しなければ、1 個の列車として特急料金を適用することができます。

図表Ⅲ-6-2　特急料金の主な特例線区

線　　区	乗　継　駅
常磐線（上野〜仙台間）	水戸駅、勝田駅
山陰本線／福知山線（城崎温泉〜京都間、城崎温泉〜新大阪間）	福知山駅
鹿児島本線／日豊本線（博多〜宮崎空港間）	大分駅
JR 四国内の予讃線、土讃線など	宇多津駅、丸亀駅、多度津駅、松山駅

> 【具体例】通常期の普通車指定席を利用　※金額は通常期指定席 B 特急料金
> 　　　　　　特急きのさき利用　1,520 円　　　　　特急こうのとり利用　1,520 円
> 　京都 ———————————————— 福知山 ———————————————— 城崎温泉
>
> 　福知山駅で、改札口から出場しなければ、京都〜城崎温泉間の特急料金 2,290 円が適用されます。

7　ＪＲ運賃・料金　〜乗継割引〜

　運賃と異なり、料金（特急料金・グリーン料金、寝台料金など）は原則として割引はありません。しかし、特急列車と「特急・急行列車」を乗り継いだ場合、一定の条件を満たした時に、一方の列車の「特急料金・急行料金・指定席料金」が５割引（10円未満切り捨て）になります。

Point1　新幹線と在来線の特急・急行列車

　適用条件は以下の通りです。

①列車の組合せ：「新幹線」と「在来線の特急・急行列車」
②乗継駅：東海道・山陽新幹線の停車駅（東京駅・品川駅・小倉駅・博多駅を除く）、
　　　　　新青森駅、新潟駅、上越妙高駅、越後湯沢駅、長岡駅、金沢駅、長野駅
　　　　　※同一駅でなくても［新青森駅と青森駅］、［新大阪駅と大阪駅］、［岡山駅と高松駅］、［岡
　　　　　山駅と坂出駅］で乗り継いだ時にも適用がある。
③乗継日：新幹線から在来線に乗り継ぐ時は、当日中の乗継に限る。
　　　　　在来線から新幹線に乗り継ぐ時は、当日中または翌日の乗継。
④割引される列車：在来線の特急・急行列車の特急・急行・指定席料金が５割引

【具体例】
　　　　　　　（1日目）新幹線のぞみ　指定席　　　　（1日目）特急くろしお　指定席
　東京 ──────────────── 新大阪 ──────────────── 白浜
　　　　　　特急料金（通常期）5,810円　　　　　B特急料金（通常期）2,290円

　特急料金：5,810円＋（2,290円÷2）＝5,810円＋1,145円（端数整理→1,140円）＝6,950円

Point2　小児の特急料金と乗継割引

　小児の特急料金は、大人の半額です。よって、乗継割引を適用した場合、大人料金の半額（小児料金）の５割引（乗継割引）になります。

【具体例】
　　　　　　　（1日目）新幹線のぞみ　指定席　　　　（1日目）特急くろしお　指定席
　博多 ──────────────── 新大阪 ──────────────── 紀伊勝浦
　　　　　　特急料金（通常期）5,810円　　　　　B特急料金（通常期）2,510円

　小児特急料金：5,810円÷2（端数整理2,905円→2,900円）＋2,510円÷2（端数整理1,255円→1,250円）
　　＝2,900円＋1,250円＝4,150円
　乗継割引適用後の小児特急料金：2,900円＋（1,250円÷2）＝2,900円＋625円（端数整理→620円）＝3,520円

8　ＪＲ運賃・料金　～団体の取扱い～

　これまでは、運賃・料金・割引条件など個人の規則を前提にしてきましたが、JR では一定人員以上の団体が発着駅や経路を同一にする場合に、特別の規定を置いています。主なメリットは運賃の割引ですが、運送の引受け条件なども個人とは異なる扱いをしています。

Point1　団体の種類

　旅客の種類による分類は以下の通りです。

　①学生団体：JR から指定を受けた学校の学生・生徒・児童等が 8 人以上と、その付添人・教職員・同行する旅行業者とで構成され、教職員が引率する団体。（学生だけでは学生団体にならない。）
　②訪日観光団体：訪日観光旅客 8 人以上、またはこれと同行する旅行業者で構成され責任ある代表者が引率する団体。
　③普通団体：①、②以外の 8 人以上で、責任ある代表者が引率する団体。

　人員数、車両設備による分類は以下の通りです。

　①大口団体：その団体だけの専用の臨時列車を利用。
　②小口団体：構成人員が 31 人以上の A 小口団体と、8 人以上 30 人までの B 小口団体に分かれる。

Point2　運送の引受け及び条件

【受付期間】
　①大口団体：始発駅出発日の 9 か月前から 2 か月前の日まで。
　②小口団体：始発駅出発日の 9 か月前から 14 日前の日まで。

【保証金等】
　①大口団体：運送の引受け条件として、団体旅客運賃の 1 割相当額の「保証金」が必要。
　②小口団体：指定席を利用する小口団体について申込人員の 9 割（1 人未満は切り捨て）に対して 1 人当たり 300 円の「指定保証金」が必要。

> 【具体例】　45 人の A 小口団体が、指定席を利用する場合の保証金
> 　　　　　45 人×0.9＝40.5 人→40 人　　40 人×300 円＝12,000 円

【団体乗車券の発行】
　大口・小口団体ともに運送引受け後、出発日の 1 か月前から。

| Point3 | 団体運賃・料金 |

【割引率】

図表Ⅲ-8-1　団体の種類と割引率

団体の種類	利用期間	種　別　等	割引率
普通団体	第1期	1/1〜10、3/1〜5/31（北海道内は 3/1〜4/30）、7/1〜8/31、10 月、12/21〜31	10%
	第2期	第1期以外の日[注]	15%
訪日観光団体	通年		15%
学生団体	通年	大人	50%
		小児	30%
		教職員・付添人・旅行業者	30%

注：行程の中で、乗車日のいずれかが第2期に該当する場合は、全行程に対して第2期の割引率を適用する。

【無賃扱い】

　普通団体と訪日観光団体は構成人員数によって、運賃・料金を収受しない無賃扱いが適用されます。

図表Ⅲ-8-2　無賃扱い（普通団体）

構成人員数	31名[注]〜50名まで	51名〜100名	101名〜150名	以降 50 名まで増すごとに 1 名増加
無賃扱い人員	1名	2名	3名	

注：訪日観光団体について 31 名ではなく 15 名以上から無賃扱いが適用になる。

| Point4 | 不乗通算 |

　行程の途中で JR を利用しない区間が含まれることがある時、運賃は打ち切って計算するのが原則ですが、団体では JR の承認を得て、この区間を利用したものとみなして、運賃を通して計算することができます。この規則を「不乗通算」といいます。

【具体例】東京〜豊橋、蒲郡〜京都の2つの区間
　＜通常の計算＞
　　　　営業キロ 293.6 km　　運賃 5,170 円　　　　　　営業キロ 203.0 km　　運賃 3,740 円
　東京 ──────────── 豊橋　　蒲郡 ──────────── 京都
　　　運賃合計：5,170 円＋3,740 円＝8,910 円

　＜不乗通常の計算＞
　　　　営業キロ 293.6 km　　運賃 5,170 円　　　　　　営業キロ 203.0 km　　運賃 3,740 円
　東京 ──────────── 豊橋・・17.0km・・蒲郡 ──────────── 京都
　　　運賃：293.6 km＋17.0 km＋203.0 km＝513.6 km　→　514 km　→　8,360 円

9 JR運賃・料金 ～乗車変更・運行不能など～

JRと旅客の運送契約は、必ずしも規定通りに履行されるとは限りません。様々な理由によって、列車が遅延したり、運休したりトラブルが生じることがあります。ここではこのような起こり得る事柄のうち、代表的なものを扱います。

Point1 乗車変更

旅客が乗車券類に表示された条件と異なる運送に変更を希望する時は、JR の係員の承諾を得れば変更することができます。変更の時点により次の区分があります。

乗車券類の使用開始前の変更の場合、普通乗車券、急行券、特別車両券、寝台券、座席指定券を所持する旅客は使用開始前に、あらかじめ係員に申し出て、その承諾を受け、1 回に限り、同種類の他の乗車券類に手数料なしで変更（乗車券類変更）することができます。乗車券類変更の取扱いをする場合、変更前の旅客運賃及び料金と変更後の旅客運賃及び料金とを比較し、不足額は収受し、過剰額は払い戻します。

乗車券類の使用開始後の変更の場合、乗車する区間・経路の変更（区間変更）、自由席特急・特定特急券相互間の変更（種類変更）、同一列車について設備や区間の変更（指定券変更）が可能です。変更前の金額と変更後の金額を比較し、不足額は収受しますが、過剰額は払い戻しません。

Point 2 運行不能

乗車券類の使用開始後に列車が運行不能になった場合、旅客は以下の選択することができます。

①運賃・料金の払戻し：乗車券は旅行中止駅～着駅間の運賃が払い戻され、特急料金等は全額払い戻される。
②有効期間の延長：乗車券や指定を伴わない自由席特急券等は、一定期間有効期間が延長される。
③無賃送還：旅行中止駅→旅行開始駅まで無賃で運送され、運賃・料金は全額払い戻される。ただし途中下車はできない。
④他経路乗車：乗車券に表示された着駅と同一目的地にいたる他の経路の乗車をすることができる。この場合、実際の乗車経路の運賃・料金と比較して過剰額は払い戻され、不足額は収受されない。

Point3 列車の遅延

特急・急行列車が運行時刻より遅延し、そのため着駅到着時刻に 2 時間以上遅延した時（遅延することが確実な時を含む）は、払戻し等が行われます。この場合、払戻手数料は不要です。

10　ＪＲ運賃・料金　〜有効期間・払戻し〜

Point1　乗車券類の有効期間

　乗車券の有効期間は、有効期間は営業キロで計算します。

　特定都区市内を発着する特例〔p.83 参照〕を適用する場合は、その運賃計算経路（中心駅からまたは中心駅まで）の営業キロを用います。また、往復乗車券の有効期間は片道乗車券の2倍です。

　東京、大阪、福岡及び新潟の大都市近郊区間内相互発着の有効期間は、キロ数に関係なく1日です。大都市近郊区間とは、路線や経路が多数存在する地域で、それぞれの大都市近郊区間内のみを普通乗車券で乗車する場合は、実際に乗車する経路にかかわらず、最も安くなる経路で計算した運賃で乗車することができる特例があります。

　なお、料金券の有効期間は、自由席特急券は1日、普通・快速列車の自由席グリーン券は1日となります。

図表Ⅲ-10-1　片道乗車券の有効期間

営業キロ	100 km まで	200 km まで	400 km まで	600 km まで	601 km 以上
有効期間	1 日	2 日	3 日	4 日	以降、200 km までごとに1日追加

Point2　払戻し

　JR の利用を取りやめる場合は、所定の手数料を支払って乗車券類の払戻しができます。

図表Ⅲ-10-1　払戻手数料

乗車券類の種類		払戻条件	払戻手数料（大人・小児同額）
乗車券 急行券 自由席特急券 特定特急券 自由席グリーン券		使用開始前で有効期間内	220 円
指定券	立席特急券	出発時刻まで	220 円
	指定席特急券 指定席グリーン券	列車出発日の2日前まで	340 円
	寝台券 座席指定券	列車出発日の前日から出発時刻まで	料金額の 30%（最低 340 円）

　往復乗車券は「往路と復路」をあわせて1枚の乗車券として計算をします。例えば、「東京⇔仙台」の往復乗車券を同時に払い戻しても 220 円の手数料になります。

　また、使用を開始した普通乗車券については、有効期間内で未使用区間の営業キロが 101 km 以上あれば、乗車済みの区間の運賃と払戻手数料 220 円を差し引いた額が払い戻されます。例えば、「東京→京都（営業キロ 513.6 km、8,360 円）」の乗車券を、途中の「名古屋」で払い戻す場合は、「東京→名古屋（営業キロ 366.0 km、6,380 円）」ですので、513.6 km－366.0 km＝147.6 km 残っています。したがって、「8,360 円－6,380 円－220 円」の計算から、1,760 円が払い戻されます。

11　国内航空運賃・料金

Point1　運賃・料金

　運賃は、旅客の運送の対価となる金額で、普通運賃と割引運賃に分かれます。普通運賃は、利用に際して制限が少なく、以下の通り年齢により区分されています。金額は時期ごとに設定されています。割引運賃は様々な種類があり、利用条件（購入期限、払戻し額など）が異なります。

　　①大人：満12歳以上の旅客。小学生であっても、12歳になれば大人運賃が適用される。
　　②小児：12歳未満の旅客。（大人運賃の約50%引き。）
　　③幼児：12歳以上の旅客に同伴された座席を使用しない3歳未満の旅客。
　　　　　　大人1人に対し1人に限り無償で運送される。（幼児用搭乗券が必要。）
　　※大人1人につき、幼児は2人まで同伴できます。その場合、1人は座席予約が必要となり小児運賃が適用されます。

　料金の代表的なものである特別席料金は、一部の機種に設定されている特別席を利用するためのもので、会社により取扱いが異なります。日本航空では、ファーストクラスが普通運賃に8,000円加算、クラスJが1,000円加算となっています。全日空のプレミアムクラス運賃は、料金ではなく運賃として普通運賃より高額に設定されています。

　また、対象空港発着の国内線を利用する場合（国際線区間に含まれる国内線を利用の場合も含む）、旅客施設使用料が適用されます。

　その他の料金として、従価料金、ペット料金、超過手荷物料金などがあります。

図表Ⅲ-11-1　旅客施設使用料

	新千歳	仙台	羽田	成田	中部	伊丹	関西（第1）	福岡	北九州	那覇
大人（12歳～）	270円	230円	290円	450円	440円	260円	440円	110円	100円	120円
小人（3歳～11歳）	140円	120円	140円	220円	220円	130円	220円	50円	50円	60円

※満3歳未満であっても座席を保有（航空券を購入）する場合は、小人料金を適用する。

Point2　航空券

　航空券の予約・発売期間は、普通運賃等の場合で、搭乗日の330日前の午前9時30分から搭乗日までとなります。割引運賃の場合は、割引運賃ごとに設定されます。航空券の購入期限は、普通運賃等の場合、搭乗日の3日前以前の予約であれば予約日を含め3日以内、搭乗日の2日前以降の予約であれば搭乗便出発日までとなります。割引運賃の場合は、割引運賃ごとに設定されています。

　有効期間については、予約の有無によって異なります。予約済みの（搭乗予定便の記載がある）航空券は、当該予約便に限り有効となります。予約なしの（搭乗予定便の記載がない）航空券は、航空券の発行日、及び発行日の翌日から起算して1年間となります。なお、搭乗区間のみを指定し、フライトの予約をしないで購入する航空券を「オープンチケット」といいます。

Point3	航空券購入後の予約便の取消し・払戻し

予約済みの便を取り消す場合には、運賃の種類によって、取消手数料が必要になります。普通運賃など予約変更が可能な運賃は、便出発前に取り消した場合、取消手数料は不要です。小児運賃の取消手数料は大人の取消手数料の半額です。

購入した航空券を払い戻す場合には、払戻手数料が必要です。金額は航空券1枚（1区間）440円で、大人・小児同額です。払戻期限は、有効期間満了日の翌日から起算して10日以内です。

Point4	普通運賃の概要

【大人・小児普通運賃＜片道運賃・小児運賃＞】

普通運賃は以下の表の通りです。小児運賃は大人普通運賃＜片道運賃＞の約50％引きです。

図表Ⅲ-11-2　普通運賃の概要

利用条件	満12歳以上（大人）、満3歳以上12歳未満（小児）
予約期間	搭乗日の330日前の午前9時30分から搭乗日当日まで
購入期限	搭乗日の3日前以前の予約であれば予約日を含め3日以内、搭乗日の2日前以降の予約であれば搭乗便出発まで
有効期間	予約済み航空券は、当該予約便に限り有効。予約なしの航空券は、航空券の発行日、及び発行日の翌日から起算して1年間
予約便の変更	便出発まで可能（区間変更、逆区間への変更を除く）
予約便の取消し	便出発前：無料 便出発後：路線ごとに異なる取消手数料が必要
払戻し	1枚（1区間）について440円（有効期間満了日の翌日から起算して10日以内）

12 貸切バスの運賃・料金

【貸切バスの運賃】

①車両の大きさによって金額が異なる。

②上限額と下限額を設定し、その上限と下限の間で運賃を決定し収受する。

③時間制運賃とキロ制運賃の「2種類を合算した運賃」を収受する。

④時間制運賃には「点呼点検時間」として、「走行時間に2時間加えて」計算する。

⑤時間制運賃は「最低3時間を設定」する。その結果、「点呼点検時間」を加えた時間制運賃は、「最低5時間」で計算する。

⑥キロ制運賃は「出庫から帰庫までの走行距離」で計算する（回送距離を含む）。

【貸切バスの料金】

①上限額と下限額を設定し、その上限と下限の間で料金を設定したり、一定の率を設定したりして収受する。

②料金は必ず発生するわけではない。料金を支払う基準に合致した場合に収受する。

③交替運転者配置料金は、長距離・長時間・夜間運行等で安全を確保するために交替運転者を用意した場合に発生する。時間制料金とキロ制料金の「2種類を合算した料金」を収受する。

④深夜早朝運行料金は、22:00〜5:00の間に運行した場合、時間制運賃と交替運転者配置料金（時間制料金）の2割を上限として加算される。

⑤特殊車両割増料金は、特殊な装備をした車両にて運行した場合、運賃の5割以内を上限として加算される。

図表Ⅲ-12-1　貸切バスの運賃計算

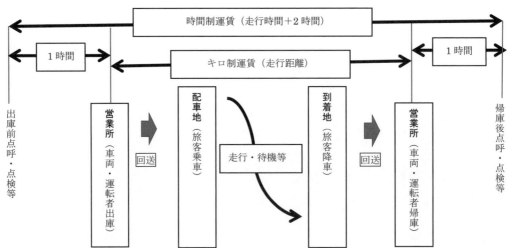

運用方法は以下の通りです。

①2日以上にわたる運送で宿泊を伴う場合、宿泊場所到着後及び宿泊場所出発前の1時間ずつを点呼点検時間とします。

②フェリーを利用した場合の航送にかかる時間（乗船してから下船するまでの時間）は8時間を上限として計算します。

③端数処理は、走行距離の端数については、10キロ未満は10キロに切り上げます。また、走行時間の端数については、30分未満は切り捨て、30分以上は1時間に切り上げます。

④運賃の計算方法により算出される運賃と料金を合算した額に消費税を乗じ、1円単位に四捨五入した合計額を収受します。（対外的に示す運賃・料金は消費税等を含んだ額を表示。）

図表Ⅲ-12-2　運賃・料金の額の範囲

			上限額	下限額
運賃	キロ制運賃 （1kmあたり）	大型車	170円	120円
		中型車	150円	100円
		小型車	120円	80円
	時間制運賃 （1時間あたり）	大型車	8,660円	5,990円
		中型車	7,310円	5,060円
		小型車	6,280円	4,340円

			上限額	下限額
料金	交替運転者配置料金	キロ制料金（1kmあたり）	30円	20円
		時間制料金（1時間あたり）	3,130円	2,170円
	深夜早朝運行料金		時間制運賃及び交替運転者配置料金 （時間制料金）の2割以内	
	特殊車両割増料金		運賃の5割以内	

13 フェリーの運賃・料金

約款の運賃・料金に関する規則は以下の通りです。

①「大人」とは、12歳以上の者（小学生に修学する児童を除く）をいう。

②「小児」とは、12歳未満の者及び12歳以上の小学生をいう。

③次のいずれかに該当する小児の運賃及び料金は無料とする。ただし、指定制の座席または寝台を1人で使用する場合の運賃及び料金については、この限りではない。

　1）1歳未満の小児

　2）大人に同伴されて乗船する1歳以上の小学校に就学していない小児1人

④自動車航送運賃には、自動車の運転者1人が2等船室に乗船する場合の当該運転者の運送の運賃が含まれている。

⑤前記の場合に、当該自動車の運転者が2等船室以外の船室に乗船しようとする時は、当該船室に対応する運賃及び料金の額と2等運賃の額との差額を申し受ける。

⑥払戻しの額

図表Ⅲ-13-1　払戻しの額

指定便でない乗船券	通用期間内の請求	200円
指定便の乗船券	発航日の7日前までの請求	200円
	発航日の前々日までの請求	券面記載の1割相当額（最低200円）
	発航時刻までの請求	券面記載の3割相当額（最低200円）

【具体例】
①自動車1台で運転者1人が2等船室に乗船する場合。
　⇒自動車航送運賃のみ必要。（自動車航送運賃には運転者の2等船室に乗船する運賃が含まれている。）
②自動車1台で運転者1人と4歳の小児1人が2等船室に乗船する場合。
　⇒自動車航送運賃のみ必要。（自動車航送運賃には運転者の2等船室の運賃が含まれていて、小学校就学前の小児は大人に同伴されていれば指定制の座席以外は無料である。）
③大人2人と小学生の小児1人が、自転車3台で乗船する場合。
　⇒大人運賃2人分と小児運賃1人分と特殊手荷物運賃（自転車）3台分が必要。
　　※特殊手荷物には自転車や原動機付き自転車などが含まれます。
④大人2人と小学生1人、3歳児1人が自動車1台とともに、2等船室を利用する場合。
　⇒大人運賃1人分と小児運賃1人分と自動車航送運賃が必要。（自動車航送運賃には運転者の2等船室の運賃が含まれているので、大人運賃は1人分。小学校就学前の小児は、大人に同伴されていれば、指定制の座席以外は無料になる。）

14 旅館・ホテルの宿泊料金

Point1　宿泊料金の計算

　まずは、以下に基本的な用語の説明をします。宿泊料金は、①～⑥の順に加算していきます。団体の場合は人数倍します。

①基本宿泊料：ホテル、旅館に1泊することへの対価。旅館は通常1泊2食付。ホテルは室料のみの金額が提示されている。
②追加飲食料：基本宿泊料に含まれない飲食の対価。（別注料理など。）
③サービス料：宿泊中のサービスに対する対価。通常は①、②に10%程度の金額が加算される。（上記①、②にはサービス料が必要で、表示額に含まれていない場合は、別途サービス料を加算する。）
④消費税：上記①、②、③の金額に対する10%の税率。税額の1円未満は四捨五入する。
⑤立替金：ホテルや旅館がタクシー代やマッサージ代を宿泊客に代わって一時的に立て替えた金額がある場合に、宿泊客が負担する。消費税等を含んだ額なので、④の後に加算する。
⑥入湯税：温泉地によって1人当たり150円程度の税額が課せられる。消費税の対象にはならない。

```
【具体例】30人の団体の場合
・基本宿泊料（1人当たり：税、サービス料別）15,000円
・追加飲食料（1人当たり：税、サービス料別）3,000円
・サービス料 10%　　・入湯税 150円
　（1人分）（15,000円＋3,000円）×1.1＝19,800円…サービス料込の基本宿泊料と追加飲食料
　　　　　　 19,800円×1.1＝21,780円…消費税込の基本宿泊料と追加飲食料とサービス料
　　　　　　 21,780円＋150円＝21,930円…1人分の料金
　（30人分）21,930円×30人＝657,900円…30人分の合計料金
```

Point2　宿泊料金に関する約款の規定

　宿泊施設は、時間外の客室の使用に応じることがあります。この場合は追加料金が必要になります。
　基本宿泊料の70%を「室料金」とし、超過3時間までは室料金の3分の1、超過6時間までは室料金の2分の1、超過6時間以上は室料金の全額が追加料金となります。
　子供料金は小学生以下に適用し、大人に準じる食事と寝具等を提供した時は大人料金の70%、子供用食事と寝具を提供した時は50%、寝具のみを提供した時は30%が必要になります。
　宿泊客がその責めに帰すべき事由により宿泊契約の全部または一部を解除した場合、宿泊客は違約金を支払わなければなりません。違約金は解除の通知を受けた日により基本宿泊料に対する比率で宿泊施設が設定します。
　また、団体客（15人以上）の一部について契約の解除があった場合、宿泊の10日前における宿泊人数の10%（端数が出た場合には切り上げ）に当たる人数については、違約金は不要です。

IV部

海外旅行実務

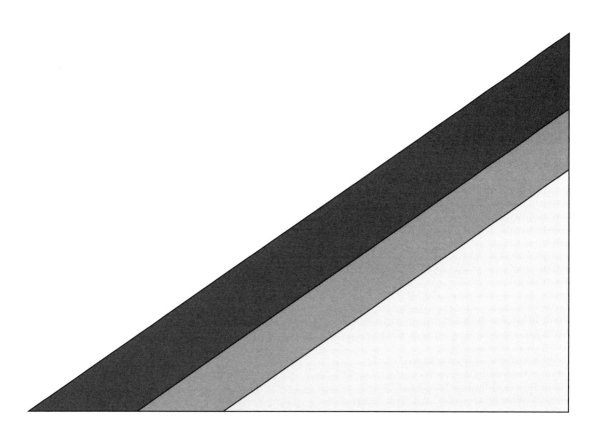

1　標準旅行業約款　渡航手続代行契約の部

渡航手続代行契約は、旅券（パスポート）や査証（ビザ）の代行申請や、外国籍を持つ人の再入国手続きなどを内容とする契約です。総合旅行業務取扱管理者の試験範囲となります。

Point1　適用範囲と定義

旅行業者が旅行者との間で締結する「渡航手続代行契約」は、約款の定めるところによります。約款に定めのない事項については、法令または一般に確立された慣習によります。ただし、旅行業者が法令に反せず、かつ、旅行者の不利にならない範囲で書面により特約を結んだ時は、特約が優先します。

※適用範囲は、他の契約と同様です。

旅行業者が渡航手続代行契約を締結する対象は、募集型企画旅行契約、受注型企画旅行契約、手配旅行契約を締結した旅行者、受託契約を締結している他の旅行業者の募集型企画旅行に参加する旅行者となります。これらに該当しない（契約関係にない）旅行者とは渡航手続代行契約を締結できません。

なお、渡航手続代行契約とは、渡航手続の代行に対する旅行業務取扱料金（渡航手続代行料金）を収受して、旅行者の委託により、次に掲げる業務（代行業務）を引き受ける契約をいいます。

①旅券、査証、再入国許可及び各種証明書の取得に関する手続き
②出入国手続書類の作成
③その他前各号に関連する業務契約

Point2　契約の成立と拒否

旅行者が申込書を提出し、旅行業者が契約の締結を承諾し、申込書を受理した時に成立します。また、申込書の提出を受けることなく電話、郵便、ファクシミリその他の通信手段による渡航手続代行契約の申込みを受け付けることがあります。この場合は、旅行業者が契約の締結を承諾した時に成立するものとします。

また、次に掲げる場合、渡航手続代行契約の締結に応じないことがあります（契約の拒否）。

①暴力団員、暴力団準構成員、暴力団関係者、暴力団関係企業または総会屋等その他の反社会的勢力であると認められる時。
②暴力的な要求行為、不当な要求行為、取引に関して脅迫的な言動もしくは暴力を用いる行為またはこれらに準ずる行為を行った時。
③旅行者が、風説を流布し、偽計を用い若しくは威力を用いて当社の信用を毀損しもしくは業務を妨害する行為またはこれらに準ずる行為を行った時。
④旅行業者に業務上の都合がある時。

契約の成立後速やかに、旅行者に、渡航手続代行契約により引き受けた代行業務（受託業務）の内容、

渡航手続代行料金の額、その収受の方法、旅行業者の責任等を記載した書面を交付します。

　なお、あらかじめ旅行者の承諾を得て、契約書面の交付に代えて、情報通信の技術を利用する方法により当該書面に記載すべき事項（記載事項）を提供した時は、旅行者の使用する通信機器に備えられたファイルに記載事項が記録されたことを確認します。この場合、旅行者の使用に係る通信機器に記載事項を記録するためのファイルが備えられていない時は、旅行業者の使用する通信機器に備えられたファイルに記載事項を記録し、旅行者が記載事項を閲覧したことを確認します。

| Point3　契約の解除と契約上の義務、責任 |

　旅行者は、いつでも渡航手続代行契約の全部または一部を解除することができます。一方、旅行業者は、次に掲げる場合、渡航手続代行契約を解除することがあります。

①旅行者が、期日までに渡航手続書類等を提出しない時。
②旅行者から提出された渡航手続書類等に不備があると認めた時。
③旅行者が、渡航手続代行料金、査証料等を所定の期日までに支払わない時。
④旅行者が、「契約の拒否」事由の①〜③〔p.104〕のいずれかに該当することが判明した時。
⑤旅行者が、旅行業者の責に帰すべき事由によらず、旅券、査証または再入国許可（旅券等）を取得できないおそれが極めて大きいと認める時。
　※旅行者は、既に支払った査証料等や費用を負担するほか、旅行業者が既に行った受託業務に係る渡航手続代行料金を支払わなければなりません。

　旅行業者は、受託業務を行うに当たって知り得た情報を他に漏らさないようにする義務があります。
　一方、旅行者は、旅行業者が定める期日までに、渡航手続代行料金を支払わなければなりません。また、旅行業者が定める期日までに、受託業務に必要な書類、資料その他の物（渡航手続書類等）を提出しなければなりません。
　旅行業者が受託業務を行うに当たって、手数料、査証料、委託料その他の料金（査証料等）を支払わなければならない時はその料金を、郵送費、交通費その他の費用が生じた時は、その費用を支払わなければなりません。

　旅行業者が故意または過失により旅行者に損害を与えた時は、その損害を賠償しなければなりません。ただし、損害発生の翌日から起算して6か月以内に通知があった時に限ります。
　また、実際に旅行者が旅券等を取得できること、及び関係国への出入国が許可されることを保証するものではありません。したがって、旅行業者の責任によらず、旅行者が旅券等の取得ができなかったり、関係国への出入国が許可されなかったりしても、旅行業者は責任を負いません。

2　国際航空運送約款

　国際航空運送約款は、国際航空運送協会（IATA）が定める約款を基準として、航空会社ごとに定めています。試験では国内大手2社（日本航空、全日本空輸）の約款が出題されていますが、この2社の約款の内容はほぼ同様です。本書では、日本航空の約款を引用し、重要な個所を抜粋しました。

Point1　定義

【航空券】
① 「航空券」とは、旅客または手荷物の運送のため運送人またはその指定代理店により発行される、「旅客切符及び手荷物切符」もしくは電子航空券をいう。航空券には、運送契約の条件の一部及び諸通知が記載されており、搭乗用片及び旅客用片もしくは旅客控、または電子搭乗用片及びeチケットお客様控が含まれる。
② 「旅客切符」とは、運送人またはその指定代理店により発行される、旅客の運送をするための航空券の一部分をいう。
③ 「搭乗用片」とは、旅客切符の一部分で、運送が有効に行なわれる特定の区間を明記している用片をいい、電子航空券の場合は電子搭乗用片をいう。
④ 「旅客用片」または「旅客控」とは、運送人またはその指定代理店により発行される航空券の一部分を構成する用片または控えをいい、「旅客用片」または「旅客控」である旨の表示があり、旅客にとって運送契約の証拠書類となるものをいう。
⑤ 「電子航空券」とは、運送人またはその指定代理店により発行されるeチケットお客様控及び電子搭乗用片をいう。
⑥ 「eチケットお客様控」とは、電子航空券の一部をなす書類で、旅程、航空券に関する情報、運送契約の条件の一部及び諸通知が記載されているものをいう。
⑦ 「電子搭乗用片」とは、会社のデータベースに記録される形式の搭乗用片をいう。

【手荷物】
① 「手荷物」とは、旅行にあたり旅客の着用、使用、娯楽または便宜のために必要な、または適当な、旅客の物品、身廻品その他の携帯品をいい、別段の定めのない限り、受託手荷物及び持込手荷物の両方を含む。
② 「受託手荷物」とは、運送人が保管する手荷物で、運送人が手荷物切符及び手荷物合符を発行したものをいう。
③ 「持込手荷物」とは、受託手荷物以外の手荷物をいう。
④ 「手荷物切符」とは、受託手荷物を運送するための航空券の一部分で、運送人が受託手荷物の受領証として発行するものをいう。
⑤ 「手荷物合符」とは、受託手荷物の識別のために運送人が発行する証票で、運送人により個々の受託手荷物に取付けられる手荷物合符（添付合符）と旅客に交付される手荷物合符（引換合符）のことをいう。

【年　齢】
　「小児」とは、運送開始日時点で 2 歳の誕生日を迎えているが、未だ 12 歳の誕生日を迎えていない人をいいます。「幼児」とは、運送開始日時点で 2 歳の誕生日を迎えていない人をいいます。

Point2　航空券

【有効期間とその延長】
　航空券の有効期間は、運送が開始された場合には運送の開始日から 1 年、または航空券がまったく未使用の場合には航空券の発行日から 1 年となります。航空券は、航空券の有効期間満了日の 24 時に失効します。各搭乗用片による旅行は、有効期間満了日の 24 時までに開始すれば、満了日を過ぎてもこれを継続することができます。

Point3　運賃及び経路

　運賃は、出発地空港から到達地空港までの運送にのみ適用され、空港地域内または空港間もしくは空港と市内間の地上連絡輸送を含みません。適用運賃とは、航空会社またはその指定代理店により公示された運賃または会社規則に従い算出された運賃で、航空券の最初の搭乗用片により行われる運送開始日に適用される、航空券の発行日に有効な運賃をいいます。運賃は、その運賃の適用するクラスの 1 座席を旅客が使用することを保証するものです。航空会社が特に認める場合を除き、1 旅客が機内で確保できる座席は 1 座席に限ります。
　運賃は、運賃に付随して公示された経路に対してのみ適用されます。同一運賃で経路が複数ある場合には、旅客は、航空券の発行前に経路を指定することができます。

Point4　予約

　予約は、航空会社の予約システムに座席が確保された時点で成立します。規則上、運賃によっては予約の変更または取消しが制限または禁止される場合があります。また、航空会社は、指定された航空券発券期限までに航空券の発券を受けない旅客の予約を取り消すことができます。
　なお、航空会社は、1 旅客に対して 2 つ以上の予約がされており、かつ、「搭乗区間及び搭乗日が同一の場合」、「搭乗区間が同一で、搭乗日が近接している場合」、「搭乗日が同一で、搭乗区間が異なる場合」、「その他旅客が予約のすべてに搭乗すると合理的に考えられないと会社が判断した場合」のいずれかに合致する時は、旅客の予約の全部または一部を取り消すことができます。

Point5　運送の拒否・制限等

　航空会社は、次の場合には、旅客の運送を拒否し、または、旅客を降機させることができます。その場合において、その旅客の手荷物についても同様の取扱いとします。
　①運航の安全のために必要な場合。

②出発国、到達国または通過国等の関係国の適用法令等に従うため必要な場合。

③旅客が適用法令等に従わない、または旅客の出入国書類等に不備がある場合。旅客が、出入国手続書類等の必要書類を破棄するなど乗継地の国へ不正に入国しようと試みるおそれのある場合。航空会社が不正な入国を防止するため受領証と引換えに乗務員に出入国手続書類等の必要書類を預けるよう要請した時に、旅客がその要請に応じなかった場合。

④旅客が手荷物や装着する物品の検査に応じなかった場合。

⑤旅客の行為、年齢または精神的もしくは身体的状態が次のいずれかに該当する場合。

　1）航空会社の特別の取扱いを必要とする場合。

　2）重傷病者または、感染症及び感染症の疑いがある場合。

　3）他の旅客に不快感を与え、または迷惑を及ぼすおそれのある場合。

　4）当該旅客自身もしくは他の人または航空機もしくは物品に危害を及ぼすおそれのある行為を行う場合。※

　5）乗務員の業務の遂行を妨げ、または、その指示に従わない場合。※

　6）航空会社の許可なく、機内で携帯電話機、携帯ラジオ、電子ゲーム等電子機器を使用する場合。

　7）機内で喫煙する場合。

　　※上記⑤4）5）の場合においては、旅客の運送を拒否、または、旅客を降機の措置に加えて、当該行為の継続を防止するため必要と認める措置をとることができる。

⑥旅客が提示する航空券が、次のいずれかに該当する場合。

　1）不法に取得されたもの、または航空券を発行する運送人もしくはその指定代理店以外から購入されたもの。

　2）紛失または盗難の報告が出されているもの。

　3）偽造されたもの。

　4）いずれかの搭乗用片が故意に毀損されたもの、または運送人もしくはその指定代理店以外の者によって変更されたもの。

⑦航空券を提示する人が、自らを航空券の「旅客氏名」欄に記載されている人であると立証できない場合。

⑧旅客が、適用される運賃、料金もしくは税金を支払わない場合または会社と旅客（または航空券を購入する人）との間で交わされた後払契約を履行しないおそれのある場合。

| Point 6　手荷物の受付けの制限 |

①航空会社は、次の物品を手荷物として受付けない。

　1）第1条で定義された手荷物に該当しない物品。

　2）国際民間航空機関（ICAO）及び国際航空運送協会（IATA）の危険品取扱規則並びに会社規則で定められた物品等、航空機、人命または財産に危険を及ぼすおそれのあるもの。

　3）出発国、到達国または通過国の適用法令等によりその運送が禁止されている物品。

　4）重量、寸法、形状または壊れ易いもしくは変質・腐敗するおそれがある等その物品の性質を理由として会社が運送に適さないと判断した物品。

5）生きている動物。ただし、本約款で運送を引受けることとしている場合を除く。

6）銃砲刀剣類等。ただし、会社規則に別段の定めのある場合を除く。

②航空会社は、手荷物として運送することを禁じられた物品の運送を拒否し、かつ、適宜必要な措置を取ることができる。また、発見次第そのような物品の前途の運送を拒否することができる。

③航空会社は、壊れ易いもしくは変質・腐敗するおそれのある物品、貨幣、宝石類、貴金属、有価証券、証券その他の高価品、書類、旅券等旅行に必要な身分を証する文書、または見本を受託手荷物として受付けない。

④航空会社は、通常の取扱いによる運送に耐えられるようにスーツケースその他の容器で適切に梱包されていない場合、その手荷物を受託手荷物として運送することを拒否することができる。

⑤手荷物として運送することが禁止されているか否かを問わず、上記①で規定された物品が運送される場合には、この約款中の手荷物運送に適用される料金、責任限度及びその他の規定が適用される。

手荷物の価額が所定の責任限度額を超える場合には、旅客は、当該手荷物の価額を申告することができます。当該申告がなされた場合には、航空会社は、会社の行う運送に対し、従価料金として、超過価額の 100 米国ドルまたはその端数につき 2 米国ドルの割合で料金を申し受け、一旅客の手荷物の申告価額は、5,000 米国ドルを限度とします。

【運送人の責任】

モントリオール条約※が適用となる運送の場合、航空会社の手荷物責任限度は、旅客 1 人当たり 1,288SDR※を限度とします。モントリオール条約が適用とならない場合、受託手荷物の場合には、航空会社の責任限度は、1 キログラム当たり 17SDR（250 フランス金フラン※）とし、持込手荷物の場合には、旅客 1 人当たり 332SDR（5,000 フランス金フラン）を限度とします。これらの限度額は、旅客が事前により高い価額を申告し、かつ、規定に従って従価料金を支払った場合は適用されません。この場合、航空会社の責任は、当該高額の申告価額を限度とします。いかなる場合にも航空会社の責任は、旅客が受けた実損額を超えることはありません。

※モントリオール条約：1999 年にモントリオールで採択された国際航空運送における責任や損害賠償などについて定めた条約。航空券に記載される出発地及び到着地の両方が同条約締結国であれば適用となる。

※SDR：国際通貨基金（IMF）が発行している特別引出権のことで、Special Drawing Rights の略。決済用に便宜的に定められた通貨単位。1SDR は 2015 年 1 月時点で約 157 円。（毎年変動する。）

※フランス金フラン：各国の通貨を端数のない額に換算することができる通貨単位。フランス金フランの換算額は、250 フランス金フランを 17SDR と設定している。

手荷物に毀損があった場合には毀損の発見後直ちに（遅くともその受取の日から 7 日以内に）、延着または紛失もしくは減失があった場合には手荷物を受け取った日（延着の場合）または手荷物を受け取ることができたであろう日（紛失または減失の場合）から 21 日以内に、それぞれ当該手荷物の引渡しを受ける権利を有する人が航空会社の事務所に対し異議を述べなければ、いかなる損害賠償も認められません。すべての異議は、書面で、上記に定められた期間内に発送することにより述べなければなりません。

3 OAG

OAG（OAG Flight Guide-Worldwide）は、イギリスで発行されている国際航空時刻表です。世界の定期便航空会社の時刻表のほか、空港、時差、航空会社の情報等も記載されています。

Point1　航空会社コード

国際航空運送協会（IATA）は、航空会社をアルファベット 2 文字で表す 2 レタコードを定めています。ここでは、日本に発着する主な航空会社を掲載します。

図表IV-3-1　航空会社コード

コード	会 社 名	英語表記	国/地域名
AA	アメリカン航空	American Airlines	アメリカ
AC	エアカナダ	Air Canada	カナダ
AF	エールフランス	Air France	フランス
AI	エアインディア	Air India	インド
AM	アエロメヒコ航空	Aeromexico	メキシコ
AY	フィンランド航空	Finnair	フィンランド
AZ	アリタリア・イタリア航空	Alitalia	イタリア
BA	ブリティッシュ・エアウェイズ	British Airways	イギリス
BR	エバー航空	Eva Airway	台湾
CA	中国国際航空	Air China	中国
CI	チャイナエアライン	China Airlines	台湾
CO	コンチネンタル航空	Continental Airlines	アメリカ
CX	キャセイパシフィック航空	Cathay Pacific Airways	香港
CZ	中国南方航空	China Southern Airlines	中国
DL	デルタ航空	Delta Airlines	アメリカ
EK	エミレーツ航空	Emirates	アラブ首長国連邦
FJ	エア・パシフィック航空	Air Pacific	フィジー
GA	ガルーダ・インドネシア航空	Garuda Indonesia	インドネシア
HY	ウズベキスタン航空	Uzbekistan Airways	ウズベキスタン
HZ	オーロラ航空	SAT Airlines	ロシア
IB	イベリア航空	Iberia	スペイン
IR	イラン航空	Iran Air	イラン
JL	日本航空	Japan Airlines	日本
JQ	ジェットスター航空	Jetstar Airways	オーストラリア
KA	香港ドラゴン航空	Dragonair	香港
KE	大韓航空	Korean Air	韓国
KL	KLM オランダ航空	KLM Royal Dutch Airlines	オランダ
LH	ルフトハンザ・ドイツ航空	Lufthansa	ドイツ
LX	スイスインターナショナルエアラインズ	Swiss International Air Lines	スイス
MH	マレーシア航空	Malaysia Airlines System	マレーシア
MS	エジプト航空	EgyptAir	エジプト
MU	中国東方航空	China Eastern Airlines	中国
NH	全日空	All Nippon Airways	日本
NW	ノースウエスト航空	Northwest Airlines	アメリカ
NZ	ニュージーランド航空	Air New Zealand	ニュージーランド

コード	会　社　名	英語表記	国/地域名
NX	マカオ航空	Air Macau	中国
OM	MIAT モンゴル航空	MIAT Mongolian Airlines	モンゴル
OS	オーストリア航空	Austrian Airlines	オーストリア
PK	パキスタン国際航空	Pakistan International Airlines	パキスタン
PR	フィリピン航空	Philippine Airlines	フィリピン
PX	ニューギニア航空	Air Niugini	パプアニューギニア
QF	カンタス航空	Qantas Airways	オーストラリア
QR	カタール航空	Qatar Airways	カタール
SB	エアカラン／エア・カレドニア・インターナショナル	Aircalin	フランス領ニューカレドニア
SK	スカンジナビア航空	Scandinavian Airlines System	スウェーデン、デンマーク、ノルウェー
SQ	シンガポール航空	Singapore Airlines	シンガポール
SU	アエロフロート・ロシア航空	Aeroflot	ロシア
TG	タイ国際航空	Thai Airways International	タイ
TK	トルコ航空	Turkish Airlines	トルコ
UA	ユナイテッド航空	United Airlines	アメリカ
UL	スリランカ航空	SriLankan Airlines	スリランカ
VN	ベトナム航空	Vietnam Airlines	ベトナム
VS	ヴァージンアトランティック航空	Virgin Atlantic Airways	イギリス

Point2　都市コード・空港コード

　都市名または空港名は、3文字のアルファベット（3レターコード）で表されます。都市コードと空港コードは同様の場合もありますが、複数の空港を持つ都市の場合は都市コードと空港コードが異なります。

図表IV-3-2　都市コード・空港コード

国/地域名	都　市　名	都市コード	空　港　名	空港コード
日本	東京	TYO	成田	NRT
			羽田	HND
	大阪	OSA	関西	KIX
	名古屋	NGO	中部	NGO
	福岡	FUK	福岡	FUK
	札幌	SPK	新千歳	CTS
中国	香港	HKG	香港	HKG
	マカオ	MFM	マカオ	MFM
	北京	PEK	北京首都	PEK
	上海	SHA	上海浦東	PVG
			上海虹橋	ＳＨＡ
	大連	DLC	周水子	DLC
韓国	ソウル	SEL	仁川	ICN
			金浦	GMP
	済州島	CJU	チェジュ	CJU
	釜山	PUS	金海	PUS
台湾	台北	TPE	桃園	TPE
	高雄	KHH	高雄	KHH

国/地域名	都　市　名	都市コード	空　港　名	空港コード
フィリピン	マニラ	MNL	マニラ・ニノイ・アキノ	MNL
	セブ	CEB	セブ	CEB
タイ	バンコク	BKK	ドンムアン	BKK
	プーケット	HKT	プーケット	HKT
ベトナム	ハノイ	HAN	ノイバイ	HAN
	ホーチミンシティ	SGN	タンソンニャット	SGN
マレーシア	クアラルンプール	KUL	クアラルンプール	KUL
	ペナン	PEN	ペナン	PEN
シンガポール	シンガポール	SIN	チャンギ	SIN
インドネシア	ジャカルタ	JKT	スカルノ ハッタ	CGK
	デンパサール	DPS	デンパサール	DPS
インド	コルカタ	CCU	カルカッタ	CCU
	デリー	DEL	インディラ・ガンジー	DEL
	ムンバイ	BOM	ムンバイ	BOM
スリランカ	コロンボ	CMB	コロンボ	CMB
パキスタン	カラチ	KHI	ジンナー	KHI
アメリカ	アトランタ	ATL	ハーツフィールド	ATL
	サンフランシスコ	SFO	サンフランシスコ	SFO
	シアトル	SEA	シアトル・タコマ	SEA
	シカゴ	CHI	オヘア	ORD
	ダラス	DFW	ダラス・フォートワース	DFW
	ニューヨーク	NYC	J.F.ケネディ	JFK
			ニューアーク	EWR
			ラガーディア	LGA
	ヒューストン	HOU	ジョージ・ブッシュ・インターコンチネンタル	IAH
	ラスベガス	LAS	マッカラン	LAS
	ロサンゼルス	LAX	ロサンゼルス	LAX
	ワシントン D.C.	WAS	ダレス	IAD
			レーガン・ナショナル	DCA
	ホノルル（オアフ島）	HNL	ホノルル	HNL
カナダ	トロント	YYZ	レスターB.ピアソン	YYZ
	バンクーバー	YVR	バンクーバー	YVR
	モントリオール	YMQ	トルドー	YUL
メキシコ	メキシコシティ	MEX	メキシコシティ	MEX
	カンクン	CUN	カンクン	CUN
ブラジル	リオ・デ・ジャネイロ	RIO	リオ・デ・ジャネイロ	GIG
	サンパウロ	SAO	グアルーリョス	GRU
イギリス	ロンドン	LON	ヒースロー	LHR
			ガトウィック	LGW
			スタンステッド	STN
			ルートン	LTN
フランス	パリ	PAR	シャルル・ド・ゴール	CDG
			オルリー	ORY
	ニース	NCE	ニース・コート・ダジュール	NCE
	マルセイユ	MRS	マルセイユ・プロバンス	MRS

国/地域名	都 市 名	都市コード	空 港 名	空港コード
イタリア	ミラノ	MIL	マルペンサ	MXP
			リナーテ	LIN
	ローマ	ROM	フィウミチーノ	FCO
	ベネチア	VCE	マルコ・ポーロ	VCE
ドイツ	ベルリン	BER	テーゲル	TXL
			シューネフェルト	SXF
	フランクフルト	FRA	マイン	FRA
	ミュンヘン	MUC	ミュンヘン	MUC
スイス	チューリッヒ	ZRH	チューリヒ	ZRH
	ジュネーブ	GVA	ジュネーブ	GVA
スペイン	バロセロナ	BCN	バロセロナ	BCN
	マドリッド	MAD	マドリッド	MAD
ポルトガル	ポルトガル	LIS	ポルテラ	LIS
オランダ	アムステルダム	AMS	スキポール	AMS
ベルギー	ブリュセル	BRU	ブリュセル	BRU
オーストリア	ウィーン	VIE	ウィーン	VIE
ギリシャ	アテネ	ATH	アテネ	ATH
デンマーク	コペンハーゲン	CPH	コペンハーゲン	CPH
スウェーデン	ストックホルム	STO	アーランダ	ARN
ノルウェー	オスロ	OSL	オスロ	OSL
ロシア	モスクワ	MOW	シェレメチェヴォ	SVO
			ドモジェドヴォ	DME
	サンクトペテルブルク	LED	プルコヴォ	LED
トルコ	イスタンブール	IST	イスタンブール	IST
UAE	ドバイ	DXB	ドバイ	DXB
エジプト	カイロ	CAI	カイロ	CAI
モロッコ	カサブランカ	CAS	カサブランカ	CAS
ケニア	ナイロビ	NBO	ナイロビ	NBO
南アフリカ	ヨハネスブルク	JNB	ヨハネスブルク	JNB
オーストラリア	ケアンズ	CNS	ケアンズ	CNS
	シドニー	SYD	シドニー	SYD
	パース	PER	パース	PER
	ブリスベーン	BNE	ブリスベーン	BNE
	メルボルン	MEL	メルボルン	MEL
ニュージーランド	オークランド	CHC	オークランド	CHC
	クライストチャーチ	AKL	クライストチャーチ	AKL

次の図表は東京発パリ行きのフライト・スケジュールの抜粋です。

図表Ⅳ-3-3　OAG　フライト・スケジュール（東京発パリ行き）

Paris PAR　6032mls/9705km　GMT+1
CDG-C.de.Gaulle

③	④	⑤	⑥	⑦	⑧	⑨	⑩	⑪	⑫
M T · T F S S	Until25Dec	0930	NRT₁	1415	CDG₂F	AF279	−	332	CY
M T · T · · S	Until25Dec	0930	NRT₁	1415	CDG₂F	★JL5053	−	332	CY
M T · T · S ·	From29Jan	0930	NRT₁	1415	CDG₂F	AF279	−	332	CY
M T · T · · ·	From29Jan	0930	NRT₁	1415	CDG₂F	★JL5053	−	332	CY
M T · T F S S	1-9Jan	0930	NRT₁	1415	CDG₂F	AF279	−	332	CY
M T · T · · S	1-12Jan	0930	NRT₁	1415	CDG₂F	★JL5053	−	332	CY
M · · · F · S	11-16Jan	0930	NRT₁	1415	CDG₂F	AF279	−	332	CY
M T · · · ·	19-27Jan	0930	NRT₁	1415	CDG₂F	AF279	−	332	CY
M T W T F S S	19-27Jan	0930	NRT₁	1415	CDG₂F	★JL5053	−	332	CY
M T W T F S S		1100	NRT₂	1545	CDG₂F	JL405	−	773	FCY
M T W T F S S		1100	NRT₂	1545	CDG₁	★AF271	−	773	CY
· · W · · · ·		1155	NRT₁	1625	CDG₂F	NH205	−	744	FCY
M T · T F S S		1240	NRT₁	1730	CDG₂F	AF275	−	77W	FCY
M T · T F S S	Until30Dec	1240	NRT₁	1730	CDG₂F	AF275	−	772	FCY
M T · · · · S	From2Jan	1240	NRT₁	1730	CDG₂F	AF275	−	772	FCY
· T · T · · S	28-30Dec	1240	NRT₁	1730	CDG₂F	★JL5053	−	772	CY
· · · T · · S	13-18Jan	1240	NRT₁	1730	CDG₂F	★JL5053	−	772	CY
· T · · F · S	22-25Jan	1240	NRT₁	1730	CDG₂F	★JL5053	−	772	CY
· T · · F · S	Until23Dec	1300	NRT₁	2040	CDG₂E	SU576	1	★	CY
		SU 576　Equipment 330-SVO-320							
· T · · F · S	From7Jan	1300	NRT₁	2040	CDG₂E	SU576	1	★	CY
		SU 576　Equipment 330-SVO-320							
M · W T F S S	26Dec-6Jan	1300	NRT₁	2040	CDG₂E	SU576	1	★	CY
		SU 576　Equipment 330-SVO-320							
M T W T F S S	Until15Dec	2155	NRT₁	0425₊₁	CDG₂F	★JL5055	−	77W	CY
M T W T F S S	From16Jan	2155	NRT₁	0425₊₁	CDG₂F	AF277	−	77W	FCY
M T W T F S S	From16Jan	2155	NRT₁	0425₊₁	CDG₂F	★JL5055	−	77W	CY
connections		depart		arrive		flight			
M T W T F S S	Until23Dec	1140	NRT₁	1600		LX161	−	343	FCY
		1640	ZRH	1800	CDG₂B	LX656	−	320	CY

①目的地、時差等：目的地はパリ（PAR）のシャルル・ド・ゴール空港（CDG）で、東京～パリ間の距離が6,032マイル／9,705キロメートルであることを表している。GMTは時差に関する情報。

②直行便／乗継便：直行便が先に記載され、connections以降が乗継便のスケジュールとなる。

③運行曜日：どの曜日に運行されるかが表示されており、月曜日から日曜日までの頭文字がアルファベットで表記される。「・」は、その曜日には運行していないことを示す。

④運行期間：表記されたスケジュールの有効な運航期間が表示される。何も表示されていなければ、常に運行されていることを意味している。

⑤出発時刻：24時間表記で、時刻は現地時間になる。

⑥出発空港コード／ターミナルコード：空港コード、ターミナルコードの順に表示される。複数のターミナルがある場合、空港コードの後にターミナルコードが表示される。「NRT₁」は成田空港第1ターミナルを表している。

⑦到着時刻：24時間表記で、時刻は現地時間になる。出発日の翌日に到着する場合は、時刻の後に「＋1」と表示される。（時差の関係で出発日の前日に到着することもあり、その際は「－1」と表記される。）

⑧到着空港コード／ターミナルコード：空港コード、ターミナルコードの順に表示される。複数のターミナルがある場合、空港コードの後にターミナルコードが表示される。

⑨便名：航空会社コードと便の数字が表示される。「AF279」はエールフランス279便を表している。なお、「★JL5053」のように「★」の記号が付されているものは、その便が他社と機材や乗員を共同で運行するコードシェア便（共同運航便）であることを示している。

⑩寄港回数：目的地に向かう途中で他の空港に寄る寄港の回数を表している。寄港の回数に応じて数字が表示され、寄港しないノンストップ便の場合は「－」と表示される。

⑪使用機材：使用機材を表す数字、記号が表示される。この欄に「★」が表示される場合は、寄港地で使用する機材が変わることを意味し、次の行にその詳細が示される。

⑫サービスクラス：航空便に設定されている客室のクラスが表示される。

F：ファーストクラス   C：ビジネスクラス   Y：エコノミークラス

Point4　ミニマム・コネクティング・タイム（MCT：Minimum Connecting Time）

乗継空港では、航空機を乗り継ぐ際に最低限必要な時間が定められています。この乗り継ぎ時間のことをミニマム・コネクティング・タイムといいます。

①乗継のパターン：乗継のパターンは以下の4つとなる。
　1）　Domestic to Domestic：国内線で到着し国内線に乗継
　2）　Domestic to International：国内線で到着し、国際線に乗継
　3）　International to Domestic：国際線で到着し、国内線に乗継
　4）　International to International：国際線で到着し、国内線に乗継

②ターミナルの乗継：複数のターミナルがある場合は、ターミナル間の移動も発生するので、それぞれについてミニマム・コネクティング・タイムが設定される。図表Ⅳ-3-4の場合、以下の4つが設定されている。
　1）　Terminal1：第1ターミナル内での乗継
　2）　Terminal2：第2ターミナル内での乗継
　3）　Terminal1 to Terminal2：第1ターミナルから第2ターミナルへの乗継
　4）　Terminal2 to Terminal1：第2ターミナルから第1ターミナルへの乗継

③時間表記：「hr」は時間、「mins」は分を表している。したがって、「Terminal1 Domestic to International 1hr 50mins」は、「第1ターミナル内の国内線から国際線への乗継の際のミニマム・

コネクティング・タイムは１時間 50 分」であることを意味している。

図表IV-3-4　ミニマム・コネクティング・タイム（成田空港の場合）

```
TOKYO, Japan                           TYO
NRT(Narita)
 Terminal 1
  Domestic to International      1hr  50mins
  International to Domestic      2hr  10mins
  International to  International 1hr

 Terminal 2
  Domestic to Domestic          30mins
  Domestic to International      1hr  50mins
  International to Domestic      1hr  50mins
  International to  International 1hr  50mins

 Terminal 1 to Terminal 2
  Domestic to International      1hr  50mins
  International to Domestic      1hr  50mins
  International to  International 1hr  50mins

 Terminal 2 to Terminal 1
  Domestic to International      1hr  50mins
  International to Domestic      1hr  50mins
  International to  International 1hr  50mins
```

Point5　時差

【グリニッジ標準時（Greenwich Mean Time：GMT）】
　英国のロンドン郊外のグリニッジを通る子午線を、世界の時間計算の基準としています。これを、グリニッジ標準時といいます。グリニッジ標準時の経度を０度として、経度 15 度ごとに東西 12、合計 24 の時間帯に分けられています。各都市の時間は、グリニッジ標準時を±０として、東側がプラス（GMTより時間が進んでいる）、西側をマイナス（GMT より時間が遅れている）で表されます。
　日本においては、東経 135 度（兵庫県明石市を通っている）の子午線を標準時と定めています。したがって、「135 度÷15 度＝9」となり、GMT より 9 時間進んでいることになります（GMT＋9）。

【日付変更線】
　GMT から東に向かうと時間が進み、西に向かうと時間が遅れることになりますが、東経 180 度と西経 180 度は同一の子午線でありながら日付が異なるという矛盾が生じます。これを解消するために定められたのが「日付変更線」です。日付変更線を東から西に超える時（例：ロサンゼルス→東京）は日付を１日進ませ、逆に西から東に超える時（例：東京→ロサンゼルス）は日付を１日遅らせます。

【夏時間（Daylight Saving Time：DST）】
　夏季を中心とした期間に、太陽の出ている時間帯を有効に利用する目的で、標準時を１時間進める夏時間を採用している国（地域）があります。夏時間を採用している国（地域）によって、実施する期間

や実施の有無は年ごとに異なる場合があります。

【時差表（International Time Calculator）】

　時差表は、OAG に付録として掲載されており、試験においては資料として掲示されます。

①国名、地域名：国名（地域名）のアルファベット順に記載されている。Germany（ドイツ）、Greece（ギリシャ）のように英語表記となっており、日本語表記と大きく異なる場合があるので注意を要する。

②標準時：通常期の対 GMT が記載されている。GMT より進んでいる場合は「＋」、遅れている場合は「－」で表される。通常は 1 時間単位であるが、一部地域では分単位となっている。

③DST 採用時：DST を採用している時期の対 GMT が記載されている。標準時に比べて 1 時間早く（＋1）なる。DST を採用していない場合は空欄となる。

④DST 採用期間：DST を採用している期間が記載されている。日・月・西暦（下 2 桁）の順に表され、「31 Mar 21-27 Oct 21」は「2021 年 3 月 31 日-2021 年 10 月 27 日」の意味となる。

図表Ⅳ-3-5　International Time Calculator（抜粋）

G	Hours ±GMT	DST ±GMT	Daylight saving time DST（period）
Gabon	+1		
Gambia	GMT		
Georgia	+4		
Germany	+1	+2	31Mar21−27Octr21
Ghana	GMT		
Gibraltar	+1	+2	31Mar21−27Oct21
Greece	+2	+3	31Mar21−27Oct21
Greenland**			
Greenland except Pituffik, Ittoqqortoormiit,Nerierit Inaat	−3	−2	30Mar21−26Oct21
Pituffik	−4	−3	10Mar21−03Oct21
Ittoqqortoormiit,Nerierit Inaat	−1	GMT	31Mar21−27Oct21
Grenada,Windward Islands	−4		
Guadeloupe	−4		
Guam	+10		
Guatemala	−6		
Guinea	GMT		
Guinea−Bissau	GMT		
Guyana	−4		

　なお、アメリカのように国土が東西に広い国では、国内に複数の標準時が設定されています。複数の標準時がある場合、国名の左肩に「**」の表記がなされます。

　アメリカでは、Eastern Time（東部標準時：ニューヨーク、ワシントン、アトランタ、マイアミなど）、Central Time（中部標準時：シカゴ、ヒューストン、ダラス、ニューオーリンズなど）、Mountain Time（山岳部標準時：フェニックス、デンバー、ソルトレイクシティなど）、Pacific Time（太平洋標準時：シアトル、ロサンゼルス、サンフランシスコ、ラスベガスなど）など 5 つの時間帯が存在します。

　アメリカのほか、主要な国ではオーストラリア、カナダ、ロシアなどに複数の標準時があります。

図表IV-3-6　アメリカ国内の標準時（International Time Calculator 抜粋）

```
USA**
  Eastern Time except Indiana      -5    -4    10Mar21-03Nov21
  Central Time                     -6    -5    10Mar21-03Nov21
  Mountain Time except Arizona     -7    -6    10Mar21-03Nov21
  Mountain Time Zone-Arizona       -7
  Pacific Time                     -8    -7    10Mar21-03Nov21
  Alaska                           -9    -8    10Mar21-03Nov21
  Aleutian Islands                -10    -9    10Mar21-03Nov21
  Hawaiian Islands                -10
```

【2 地点間の時差の計算】

　2 地点間の時差を求める場合、まずそれぞれの GMT を確認し、その大きい数値から小さい数値を引きます。数値の大きい地域の方が東にありますので、この方法により何時間先行しているかがわかります。

　「図表IV-3-5　International Time Calculator（抜粋）」の例で説明すると、日本（GMT＋9）が 4 月 1 日の午前 10 時である時、ドイツ（GMT＋2※DST 採用時期）の現地時間は、（＋9）－（＋2）＝7 で、日本が 7 時間先行していることになるので、ドイツは 4 月 1 日の午前 3 時となります。

　また、グアテマラ（－6）の現地時間は、（＋9）－（－6）＝15 で、日本が 15 時間先行していることになるので、グアテマラは 3 月 31 日の午後 7 時となります。

【航空機の飛行時間の計算】

　OAG のフライト・スケジュールは、出発・到着時刻ともに現地時刻で表記されていますので、飛行時間を計算する場合は、それぞれの地点の時差を考慮しなければなりません。計算方法はいくつかありますが、出発時刻と到着時刻を GMT に合わせる方法から覚えましょう。

【具体例】直行便：成田空港 17：25 発　ロサンゼルス空港 11：20 着の場合
　①出発地、到着地の現地時刻を GMT で表示
　　1）GMT＋9 の成田が 17：25 なので GMT＝17：25－9 時間＝8：25
　　2）GMT－7 のロサンゼルスが 11：20 なので GMT＝11：20＋7 時間＝18：20
　②到着時刻から出発時刻を引く
　　18：20－8：25＝9 時間 55 分（飛行時間）

【具体例】乗継便：成田空港 11：10 発　　　　　　　チューリッヒ空港 16：00 着
　　　　　　　　チューリッヒ空港 16：40 発　シャルル・ド・ゴール空港（パリ）18：00 着
　①出発地、到着地の現地時刻を GMT で表示
　　1）GMT＋9 の成田が 11：10 なので GMT＝11：10－9 時間＝2：10
　　2）GMT＋1 のパリが 18：00 なので GMT＝18：00－1 時間＝17：00
　②到着時刻から出発時刻を引く
　　17：00－2：10＝14 時間 50 分（乗継時間を含めた所要時間）
　③乗継に要した時間を算出する
　　16：40－16：00＝40 分
　　※乗継は同一地（ZRH：チューリッヒ空港）なので、時差を考慮する必要はない。
　④全体の所要時間から、乗継に要した時間を引く
　　14 時間 50 分－40 分＝14 時間 10 分（飛行時間）

4　鉄道・ホテルの知識

Point1　鉄道

【ヨーロッパの主な列車】

図表IV-4-1　ヨーロッパの主な列車

列　車　名	概要・特徴
TGV（Train à Grand Vitesse）	フランスの高速列車。フランス国内の都市と、ジュネーブなど近隣国の主要都市を結ぶ。
ユーロスター（Eurostar）	ロンドン−パリ、ロンドン−ブリュッセルを結ぶ国際高速列車。ドーバー海峡をユーロトンネルで結んでいる。
ICE（Inter City Express）	ドイツの高速列車。アムステルダムやウィーンなどの国際ルートもある。
ユーロスター・イタリア（Treni Eurostar Italia:ES）	イタリアの高速列車。イタリア国内の主要都市を結んでいる。
タリス（Thalys）	フランス、ベルギー、オランダ、ドイツの4か国を結ぶ国際列車で、ワインレッドの車体が特徴である。
AVE（Alta Velocidad Española）	スペインの高速列車。マドリッドを起点に国内主要拠点を結ぶ。
エリプソス（Elipsos）	スペインの豪華ホテルトレイン。バルセロナを拠点に、パリ、ミラノ、チューリッヒ等を結んでいる国際寝台列車である。
インターシティ（Inter City:IC）	ヨーロッパ各国の国内長距離列車の総称。国によっては国際列車もある。
ユーロシティ（Euro City:EC）	ヨーロッパ各国の国際長距離列車の総称。
ユーロナイト（Euronight:EN）	ヨーロッパ主要都市を結ぶ国際夜行列車の総称。ルートにより列車の名称が異なっている。

【その他の地域の主な列車】

図表IV-4-2　その他の地域の主な列車

列　車　名	概要・特徴
アセラエキスプレス（Acela Express）	アメリカ合衆国の鉄道公社「アムトラック」が運行し、ボストン−ニューヨーク−フィラデルフィア−ワシントンD.C.を結ぶ。アメリカ唯一の高速列車。
和諧号	北京−上海、武漢−広州などを結ぶ中国の新幹線。
台湾高速列車	台湾の高速列車。
KTX（Korea Train Express）	韓国の新幹線。

【ヨーロッパの鉄道パス】

①ユーレイルグローバルパス

　「ユーレイルグローバルパス」は、23の加盟国の国鉄や民間の鉄道会社で利用できる鉄道パスで、利用可能な期間（通用期間：15日・21日・1か月・2か月・3か月）であればいつでも利用できるものです。もう1種類、あらかじめ定められた有効期間内（通用期間：10日・15日）で利用日を選んで利用する「ユーレイルグローバルパスフレキシー」があります。

②ユーレイルセレクトパス

　「ユーレイルセレクトパス」は、24の加盟国の中から、隣接した3〜5か国の国鉄や民間の鉄道会社で利用できる鉄道パスで、利用開始からの有効期間は2か月間となっています。

119

Point2　ホテル

ホテルの種類、客室タイプ、食事プラン等、一覧でまとめます。

図表IV-4-3　ホテルの種類

ホテルの種類	概要・特徴
ホテル（Hotel）	都市（市内）にあり、バンケットやレストランなどを備えたシティホテル、観光地にあるリゾートホテルなどがある。
ペンション（Pension）	エコノミー客や長期滞在客向けの簡易宿泊施設。スイスやドイツではガルニ・ホテル（Garni Hotel）とも呼ばれる。
コンドミニアム(Condominium)	長期滞在客や家族・グループ客に適した、キッチンを備えたホテル。
モーテル（Motel）	アメリカが発祥の車による旅行者用の宿泊施設。
B&B（Bed&Breakfast）	ベッドと朝食を提供する、民宿のような宿泊施設。
オーベルジュ（Auberge）	食事を売り物にする、宿泊設備を備えたレストラン。

図表IV-4-4　客室のタイプ

客室のタイプ	概要・特徴
シングル（Single Bedded Room）	シングルベッドが1つの1人用の客室。
ツイン（Twin Bedded Room）	シングルベッドが2つの2人用の客室。
ダブル（Double Bedded Room）	大型の2人用ベッドが1つの2人用の客室。
トリプル（Triple Bedded Room）	ベッドが複数の3人用客室。エキストラベッドを入れるのが一般的。
スイート（Suite Room）	リビングルーム、ベッドルーム、バスルームなどがあるデラックスな客室。

図表IV-4-5　客室の設備等による分類

客室の設備等による分類	概要・特徴
コネクティング・ルーム（Connecting Room）	隣接する部屋が、内側のドアを通って互いに往来できる客室のこと。
アジョイニング・ルーム（Adjoining Room）	内側のドアでつながっていない隣り合わせの部屋。
アクセシブル・ルーム（Accessible Room）	身体障害者用に特に便宜が図られたバリアフリーの客室。

図表IV-4-6　食事プランによる分類

食事プランによる分類	概要・特徴
アメリカン・プラン（American Plan）	室料と朝食、昼食、夕食の3食を込みにした料金。フルペンション（Full Pension）、フルボード（Full Board）ともいう。
モディファイド・アメリカン・プラン（Modified American Plan）	室料と朝食、昼食、または朝食、夕食の2食を込みにした料金。ハーフペンション（Half Pension）、ハーフボード（Half Board）ともいう。
コンチネンタル・プラン（Continental Plan）	室料と朝食を含む料金。
ヨーロピアン・プラン（European Plan）	室料だけの料金。

図表IV-4-7　ホテル関連の用語

ホテル関連の用語	意味
アメリカン・ブレックファスト（American Breakfast）	パンにコーヒーや紅茶、肉料理、卵料理のついた朝食。
コンシェルジュ（Concierge）	観光案内やレストランの予約等、宿泊客の要望に応える接客担当者。
コンチネンタル・ブレックファスト（Continental Breakfast）	パンにコーヒーや紅茶がついた簡単な朝食。
デポジット（Deposit）	ホテルに事前に支払う予約金のこと。
ドレス・コード（Dress Code）	服装についての規定。
インシデンタル・チャージ（Incidental Charge）	基本料金に含まれていない個人勘定のこと。
ノー・ショウ（No Show）	予約した客が連絡なしでチェックインしないこと。
オーバー・ブッキング（Over Booking）	ホテルが収容能力を超えて予約を受け付けること。
ラン・オブ・ハウス（Run of House）	部屋の指定のない予約の方法。

5　国際航空運賃・料金　～国際航空運賃の形態～

Point1　国際航空運賃の分類

　国際航空運賃は、IATA（International Air Transport Association：国際航空運送協会）運賃と、キャリア運賃に大別されます。IATA 運賃とは、IATA で協議され、発着国それぞれが認可して実施される運賃です。IATA 運賃はフレックス運賃ともいい、多くの航空会社の便が利用できたり、予約の変更が自由にできたりするなど、利用上の制約は少なくなっています。一方のキャリア運賃は、航空会社が独自に定めたもので、IATA 運賃よりも総じて定額となっていますが、利用航空会社が限定されるなど、いくつかの制限があります。

　また、国際航空運賃には、普通運賃（ノーマル運賃）と特別運賃（割引運賃）の2種類があります。普通運賃（ノーマル運賃）は、有効期間が長く、年間を通じて利用でき、オープンチケット（予約がされていない航空券）にも適用できるなど、利用の自由度が高い点が特徴です。IATA 運賃、キャリア運賃共通などがこれに該当します。特別運賃（割引運賃）は、キャリア運賃に設定されているもので、有効期間が短く、乗換回数の制限など制約があります。

【TC（Tariff Conference Area）】

　IATA は、運賃計算の基本として、世界を3つの地域に区分しています。これを IATA 地区、または Tariff Conference Area といい、TC と略します。3つの地区はそれぞれ TC1（南北アメリカ大陸と近隣諸島、ハワイ諸島）、TC2（ヨーロッパ全域、中東、アフリカ大陸と近隣諸島）、TC3（中東以外のアジア全域、オセアニアと近隣諸島）と呼ばれ、日本は TC3 に属します。

【GI（Global Indicator）】

　運賃の算出に当たり、実際に旅行する経路を適用しなければなりませんが、その際に使用する地区内、地区間の経路を Global Indicator（GI）といいます。

図表IV-5-1　日本発着の Global Indicator（GI）

日本発着の経路別運賃	Global Indicator（GI）	経　路　例
日本→東南アジア	EH　（Eastern Hemisphere）	成田－バンコク
日本→アメリカ大陸（大西洋運賃）	AT　（Atlantic）	成田－パリーニューヨーク
日本→アメリカ大陸（太平洋運賃）	PA　（Pacific）	成田－ロサンゼルス
日本→ヨーロッパ（直行）	TS　（Trans Siberia）	成田－ロンドン
日本→ヨーロッパ（南回り）	EH　（Eastern Hemisphere）	成田－シンガポール－ローマ
日本→ヨーロッパ（太平洋・大西洋）	AP　（Atlantic & the Pacific）	成田－シカゴ－マドリード

【年齢区分と座席クラス】

　年齢区分（普通運賃の場合）は、大人運賃が12歳以上で公示されている普通運賃額、大人に同伴される小児（2歳以上12歳未満）が大人運賃の75%、大人に同伴される幼児（2歳未満）が大人運賃の10%となります。特別運賃の場合は、種類によって扱いが異なります。また、大人に同伴されない小児は大人と同額になります。なお、大人に同伴されない幼児の搭乗は認められません。

座席クラスは、ファーストクラスがPもしくはF、ビジネスクラス（中間クラス）がCもしくはJ、エコノミークラスがYで表記されます。

【航空券の有効期間】

　日本発のすべての運賃は、有効期間が定められており、その有効期間の満了日までに、復路の最終途中降機地点からの旅行を開始しなければなりません。普通運賃の航空券の有効期間は、旅行が開始された場合は運送の開始日から1年、航空券が未使用の場合は航空券の発行日から1年となります。

【eチケットお客様控え】

　現在は従来の紙ベースの航空券を発券せず、航空便の予約、発券データは航空会社のコンピューターで電子的に管理されています。旅行者は、航空券の代わりに「eチケットお客様控え」が交付され、もしくはパソコンに送付されたデータを印刷して内容を確認することができます。

図表IV-5-2　eチケットお客様控え（例）

```
eチケットお客様控え
ELECTRONIC TICKET ITINERARY/RECEIPT          発行日 DATE OF ISSUE :10 JUL 21 ①

予約番号    REFERENCE :    L5BA5M  ②

お名前
NAME            TANAKA/SATOSHI  MR  ③

航空券番号                          発券航空会社
TICKET NUMBER  1311765456007  ④     TICKETING AIRLINE    JAPAN AIRLAINES  ⑥

発券日                              発券事務所      OTA TRAVEL SERVICE TOKYO
TICKETING DATE   07 JUL 21 ⑤        TICKETING PLACE   16307777          ⑦

旅程表  ITINERARY

出発/到着日時 ⑧ 都市/空港 ⑨      航空会社/便名/クラス ⑩    予約 ⑪  備考 ⑫
DATE TIME      CITY  AIRPORT      AIRLINE/FLIGHT/CLS      STATUS  REMARKS

22JUL(SUN) 1220 TOKYO/NAITA       JAPAN AIRLAINES         OK      FB:JWRT JL
22JUL(SUN) 1725 FRANKFURT         JL 407 /J                       BGG:3PC
                                                                  NVB/NVA  /22JUL


08AUG(WED) 0930 PARIS/CHARLES     JAPAN AIRLAINES         OK      FB:JXRT JL
                DE GAULLE         JL 406 /J                       BGG:3PC
09AUG(THU) 1420 TOKYO/NAITA                                       NVB/NVA  /22JUL


FB:運賃種別 FARE BASIS    BGG:無料手荷物許容量 FREE BAGGAGE ALLOWANCE
NVB/NVA:有効期間 NOT  VALID BEFORE/AFTER


運賃/航空券情報 FARE/TICKET INFORMATION

お支払い手段    FORM OF PAYMENT  ⑬    CASH
運賃           FARE             ⑭    JPY1451400
運賃支払い額    EQUIV FARE PAID   ⑮
税金料金       TAX/FEE/CHARGE   ⑯    JPY2090SW/JRY5000I/JPY2090FR/JPY2620QX/JPY4470IZ/
                                     JPY50600YQ
合計           TOTAL            ⑰    JPY1518270
運賃計算情報    FARE CALCULATION ⑱    22JUL TYO JL FRA 7448. 14JWRT JL /-PAR JL TYO 7066.
                                     NUC14514.00END ROE100.000
制限事項等      ENDORSMENTS/     ⑲    FLT BTWN JPN-EUR//JL ONLY
               RESTRICTIONS
```

①発行日（DATE OF ISSUE）：「eチケットお客様控え」を印刷（発行）した年月日が記載される。

②予約番号（REFERRENCE）：航空会社の予約記録の番号が数字とアルファベットの組み合わせで記載される。

③お名前（NAME）：旅客氏名が姓、名の順で、その後に性別が記載される。小児は MSTRCHD（男児）、MISSCHD（女児）、幼児は INF と表記される。

④航空券番号（TICKET NUMBER）：最初の 3 桁が発券航空会社の番号、次の 10 桁が航空券番号で、合計 13 桁で記載される。

⑤発券日（TICKETING DATE）：航空券を発券した年月日が記載される。

⑥発券航空会社（TICKETING AIRLINE）：発券航空会社が記載される。

⑦発券事務所（TICKETING PLACE）：航空券の発券を行った事務所（航空会社または代理店名）と、その IATA 登録番号が記載される。

⑧出発／到着日時（DATE／TIME）：上段に出発月日、曜日、出発時刻、下段に到着月日、曜日、到着時刻が記載される。

⑨都市／空港（CITY／AIRPORT）：上段に出発都市名、下段に到着都市名が記載される。

⑩航空会社／便名／クラス（AIRLINE／FLIGHT／CLASS）：上段に予約を行った航空会社、下段にその航空会社の 2 桁のアルファベットの略号、フライト番号、予約クラスが記載される。

⑪予約（STATUS）：アルファベット 2 桁の略号で、予約した便の予約状況が記載される。

・OK：予約済み　・RQ：リクエスト中またはキャンセル待ち　・OP：予約をしていない状況（Open）

⑫備考（REMARKS）：上段には、FB（Fare Basis）として、運賃種類、運賃種別が記載される。中段には、BGG（Free Baggage Allowance：無料手荷物許容量）が記載される。個数の単位は PC で表記される。下段には、NVB（Not Valid Before）と NVA（Not Valid After）が記載される。

⑬お支払い手段（FORM OF PAYMENT）：航空券代金の支払い方法が記載される。現金の場合は CASH、クレジットカード利用の場合は、当該カード会社の略号とカード番号が記載される。

⑭運賃（FARE）：下記⑱の「運賃計算情報」の「NUC 額×ROE」で計算された出発地国通貨建て運賃が記載される。

⑮運賃支払い額（EQUIV FARE PAID）：旅客が出発地国以外の通貨で運賃を支払った場合は、その支払い通貨額で記載される。

⑯税金料金（TAX／FEE／CHARGE）：運賃以外に徴収される、燃油サーチャージ、空港使用料、各国の TAX 等が日本円額と種別コードの組み合わせで表記されます。図表中では、例えば「2090SW」は「成田空港の空港使用料 2,090 円」を、「50600YQ」は「燃油サーチャージと航空保険料の合計 50,600 円」を表している。

⑰合計（TOTAL）：⑭の「運賃」と⑯の「税金料金」の合計額が記載される。

⑱運賃計算情報（FARE CALCULATION）：運賃計算の結果が記載される。運賃が NUC 額で、日本円への換算レートが ROE で表示される。

⑲制限事項等（ENDORSEMENTS／RESTRICTIONS）：適用される各種の制限事項や、特別な案内がある場合に記載される。図表中の「FLT BTWN JPN-EUR//JL ONLY」は、「日本とヨーロッパ間の便は JAL 便に限る」という規則を表示している。

旅行形態は「片道旅行」、「往復旅行」、「周回旅行」、「オープンジョー旅行」に分類されます。

①片道旅行（One Way Trip：OW）

旅行開始国（出発地国）に戻らない、一方通行の旅行。

②往復旅行　（Round Trip：RT）

出発地点に戻る連続した旅行であり、往路と復路の運賃が同額の旅行。

1）2都市間の単純往復　※TYO→NYC の運賃と NYC→TYO の運賃が同額

2）中間地点を含む場合　※TYO→SEA→NYC の運賃と NYC→LAX→TYO の運賃が同額

③周回旅行　（Circle Trip：CT）

出発地点に戻る連続した旅行であるが、往路と復路の運賃が異なる旅行。

④オープジョー旅行　（Open Jaw Trip：OJ）

　旅行開始国に戻る旅程であるが、出発国側か折り返し地点側の一方または両方に地上運送区間（Surface）を含む旅行。

1）シングルオープンジョー（Single Open Jaw：SOJ）

〔往路の終点と復路の始点が異なる場合〕　　〔往路の始点と復路の終点が異なる場合〕

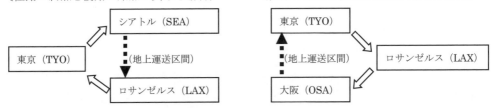

2）ダブルオープンジョー（Double Open Jaw：DOJ）

　　往路始点と復路終点、及び復路終点と復路始点の各地点がすべて異なる場合。

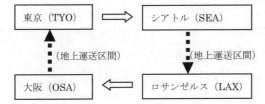

6 国際航空運賃・料金 ～普通運賃の計算規則～

　普通運賃は、路線ごと基本となる運賃が定められています。この運賃額や適用規則が掲載されているものをタリフ（Tariff）といいます。タリフには、IATA が発行する「Passenger Air Tariff」と、航空会社の予約端末で確認できる「電子タリフ」があります。

【Passenger Air Tariff】

図表IV-6-1　　Passenger Air Tariff（例）

	① FARE TYPE	② CAR CDE	③ LOCAL CURRENCY	④ NUC	⑤ RULES	⑥ GI MPM ROUTING
⑦	TOKYO(TYO)					
	Japan					Yen(JPY)
						PA(8084)
⑧	To NEWYORK(NYC)					
	Y		853600	8536.00		PA
	Y		**1313100**	**13131.00**		**PA**
	C		1049200	10492.00		PA
	C		**1614100**	**16141.00**		**PA**
	F		1920200	19202.00		PA
	F		**2954000**	**29540.00**		**PA**
	Y		1637800	16378.00		AT
	Y		**2339700**	**23397.00**		**AT**
	C		1911600	19116.00		AT
	C		**2730800**	**27308.00**		**AT**
	F		2743500	27435.00		AT
	F		**3919300**	**39193.00**		**AT**

1NUC = JPY 100.000000

①FARE TYPE（運賃の種別）：運賃の種別で、F、C、Y に加えて、X（平日運賃）、W（週末運賃）とさらに区別する場合がある。細字は片道運賃、太字は往復運賃を表す。

②CAR CDE（Carrier Code）：航空会社コードが記載されている場合は、当該航空会社に限定して適用が可能な運賃となる。空欄の場合は、すべての航空会社に適用可能な運賃となる。

③LOCAL CURRENCY（出発地国通貨建て運賃）：出発地国の通貨で直行公示運賃が掲載される。FARE TYPE と同様に片道運賃は細字で、往復運賃は太字で表記される。

④NUC（Neutral Unit of Construction 通貨計算用単位、運賃共通単位）：出発地国通貨建て運賃（JPY）を換算レート（ROE）で割って算出した、中立的な通貨の単位。小数点 2 位まで表記される。

⑤RULES（運賃適用規則）：運賃に、制限や特別規則が適用される場合は、その規則の番号が掲載される。空欄の場合は、通常の運賃規則が適用される。

⑥GI MPM ROUTING：

　1）GI　（Global Indicator 旅行経路）：運賃の旅行経路（Global Indicator）　を表示している。

2）MPM（Maximum Permitted Mileage　最大許容距離）：目的地までの直行運賃で、GI ごとに、適用できる最大許容距離数をマイルで表示している。行程中、複数の空港を経由しても、MPM 以内であれば公示運賃を適用できる。

3）ROUTING（経路規定）：通常のマイレージ計算を適用できるか否か、または、特定の経路を利用しなければならないかなどの経路に関する規定がある場合には、その RULE 番号が掲載される。

⑦HEADLINE CITY （出発都市）：出発地（TOKYO） と都市コード（TYO） が、出発地の下に国名（Japan）が表示される。また、右端に通貨単位がコード（Yen/JPY） で表示される。

⑧SIDELINE CITY （目的都市）：目的地（NEWYORK） と、都市コード（NYC） が表示される。

⑨ROE （Rate of Exchange 換算率）：ROE とは出発地通貨の換算率を表す。ここでは「1NUC = JPY100 円」であることが示されている。

【電子タリフ】

図表Ⅳ-6-2　電子タリフ（例）

①**01MAY21*OPEN/	②TYONYC /PA/	③/MPM8084 /NUC

FARE BASIS	FARE	④	RTG
Y	8536.00	O	PA01
C	10492.00	O	PA02
F	19202.00	O	PA03
Y	13131.00	R	PA04
C	16141.00	R	PA05
F	29540.00	R	PA06

1NUC = JPY 100.000000

①旅行開始日：旅行開始日（例では 2021 年 5 月 1 日）が記載される。「OPEN」は、この運賃の設定期間に定めがないことを表している。

②発着地及び GI：発着地と GI（例では東京発ニューヨーク行き、GI は PA）が記載される。

③MPM：GI（例では PA）による経路運賃に対応する MPM（例では 8084 マイル）が記載される。

④運賃形態：「O」は片道運賃、「R」は往復運賃を表している。

Point2　マイレージシステム

　国際航空運賃計算は、飛行距離を基にして行いますが、これをマイレージシステムといいます。具体的には、運賃を計算する区間の MPM（最大許容距離）と、実際の飛行距離を比較して運賃を決定する方法です。この時の、運賃を計算する区間を「フェアコンポーネント」といいます。

①TPM（Ticketed Point Mileage　区間距離）：航空券の券面に記載される都市（Ticketed Point）と次の都市（Ticketed Point）の間の距離をマイルで表した数値。また、TPM の合計を STPM（Sum of Ticketed Point Mileage）という。

②MPM（Maximum Permitted Mileage　最大許容距離）：追加料金を必要とせず、2 都市間（コンポ

ーネント）の直行運賃で旅行できる距離をマイルで表した数値。

③超過マイル率（Excess Mileage Percentage）：マイレージシステムでは、「各区間の TPM の合計（STPM）」と「始点〜終点の MPM」を比較して、その結果 TPM 合計が MPM の範囲内であれば、適用直行運賃をそのまま通し運賃とする。TPM 合計が MPM を超えた時は、超過マイル率に応じて「運賃割増率」に適用直行運賃を乗じて通し運賃とする。超過マイル率は「TPM の合計÷MPM」で算出する。

④運賃割増率（Excess Mileage Surcharge）：超過マイル率が 100% を超える場合は、その率をそのまま適用するのではなく、あらかじめ設定された「運賃割増率」を適用する。「運賃割増率」は、5% 刻みで 5 段階（105%、110%、115%、120%、125%）に設定されている。

図表IV-6-3　超過マイル率と運賃割増率

超過マイル率	運賃割増率
0%以下	なし
5%以下	5%
10%以下	10%
15%以下	15%
20%以下	20%
25%以下	25%

※超過マイル率が 25%を超える場合、その区間はマイレージ計算ができず、2 つの区間に分割して計算する。

Point3　HIP（Higher Intermediate Point）チェック

　マイレージシステムによる計算は、始点〜終点間の MPM から割増率を決定しますが、適用になる運賃は両端の都市間の運賃には限られず、途中まで、あるいは途中からの運賃の方が高額になるケースが出てきます。この場合は、HIP チェックによって最終的に適用する運賃を決定しなければなりません。

　計算に用いる運賃は、「始点〜終点間」の運賃と、以下の①〜③の運賃を比較して、最も高額な運賃を比較します。その結果、「始点〜終点間」の運賃ではなく、以下の①〜③のいずれかの運賃を適用することになった場合、この運賃を「HIP 運賃」といいます。

　①行程の「始点と途中降機地点間」の運賃
　②行程の「途中降機地点と終点間」の運賃
　③行程内の「途中降機地点相互間」の運賃

　マイレージ計算の結果、運賃の割増しが必要な場合は、適用する HIP 運賃に割増率を乗じて算出します。例えば「A→B→C→D」の旅程とした場合、「A→D」の MPM で割増率を決定します。HIP チェックでは、「A→B」間、「A→C」間、「A→D」間の運賃を調べ、最も高額な運賃を適用し、割増しがあればこれを割増しします。

　なお、旅程内の「乗継地点」まで、あるいは「乗継地点」からの運賃は HIP チェックが不要です。（HIP チェックの対象は途中降機地点に限られ、乗継地点は含まれません。）

7 国際航空運賃・料金 ～往復旅行・周回旅行の計算（普通運賃）～

Point1 往復旅行と周回旅行

　往復旅行、周回旅行は、ともに出発地点と終着地点が同一で、旅程が連続し、往路と復路の2つの区間が折り返し地点でつながっている行程のことをいいます。往路の運賃と復路の運賃計算をした結果、同一であれば「往復旅行」、異なれば「周回旅行」となります。つまり、周回旅行と往復旅行の違いは、計算の結果、往復それぞれの運賃が異なるということだけであり、往路と復路の運賃は、往復旅行でも周回旅行でも個別に計算する点で方法はいずれも同様です。なお、往路と復路の運賃は、往復運賃を半分にした「1/2往復運賃」を適用します。

Point2 往復旅行と周回旅行の運賃計算の手順

①行程中の折り返し地点を境に往路と復路を分ける。
②往路の計算をする。
　1）割増率を確認する。
　2）週末運賃か平日運賃かを確認する。
　3）HIPチェックを行い、基準となる運賃を確定する。
　4）割増しの処理をして額を確定する。
③復路の計算をする。
　1）割増率を確認する。
　2）週末運賃か平日運賃かを確認する。
　3）HIPチェックを行い、基準となる運賃を確定する。
　4）割増しの処理をして額を確定する。
④往復の運賃額が判明することで、行程が往復旅行（往路の運賃と復路の運賃が同一）か周回旅行（往路の運賃と復路の運賃が異なる）かが判明する。
⑤往復旅行の場合は、往路・復路の運賃額を合算する。周回旅行の場合は、CTMチェックを行って、運賃額を決定する。

【往復旅行】

旅程表　ITINERARY				
DATE	CITY/AIRPORT	TIME	AIRLINE/FLIGHT/CLS	STATUS
07APR（WED）	TOKYO/NARITA	17:30	JAPAN AIRLINES	OK
07APR（WED）	LOS ANGELES	11:25	JL 062/ C	
12APR（MON）	LOS ANGELES	07:05	AMERICAN AIR LINE	OK
12APR（MON）	NEW YORK/JFKENNEDY	15:42	AA 118/ C	
16APR（FRI）	NEW YORK/LA GUARDIA	10:30	AMERICAN AIR LINE	OK
16APR（FRI）	CHICAGO/O HARE	12:15	AA 328/ C	
19APR（MON）	CHICAGO/O HARE	12:50	JAPAN AIRLINES	OK
20APR（THU）	TOKYO/NARITA	15:40+1	JL 009/ C	

〔クラス・人員〕ビジネスクラス・大人１名

〔適用運賃〕JAL ビジネスクラス普通運賃

〔各区間の TPM〕TYO－5451（PA）－LAX－2459－NYC－721－CHI－6286（PA）－TYO

〔運賃計算上の折り返し地点〕NEWYORK（NYC）

〔タリフ〕下記参照

〔IATA ROE〕1 NUC＝JPY100.000000

〔航空券の予約と発券〕日本

**07APR*OPEN /YY TYOLAX /PA/		/MPM 6541 /NUC	
CX	5190.00	O	PA
CW	5890.00	O	PA
CX	7970.00	R	PA
CW	9370.00	R	PA

**07APR*OPEN /YY TYONYC /PA/		/MPM 8084 /NUC	
CX	7040.00	O	PA
CW	7640.00	O	PA
CX	10830.00	R	PA
CW	12030.00	R	PA

**07APR*OPEN /YY TYOCHI /PA/		/MPM 7543 /NUC	
CX	6990.00	O	PA
CW	7590.00	O	PA
CX	10740.00	R	PA
CW	11940.00	R	PA

	週末運賃（W）	平日運賃（X）
往路出発	土〜月	火〜金
復路出発	金・土	日〜木

往路：太平洋横断区間を出発する曜日
復路：太平洋横断区間を出発する曜日

①折り返し地点を境に往路と復路に分ける。（数字は TPM。）

②往路の計算

1）割増率を確認する。

TYONYC の MPM は資料から 8084。TYO−LAX−NYC の STPM は 5451＋2459＝7910。
よって STPM≦MPM となり、割増しはない。

2）東京を出発する曜日は水曜日なので、資料より平日運賃（X）を適用。

3）ロサンゼルスは途中降機地点で、HIP チェックの対象となる。
資料より、TYO-LAX（7970.00：X）＜TYO−NYC（10830.00：X）となっているので、HIP は
ない。

4）割増しはないので、10830.00÷2＝5415.00 が往路の運賃となる。

③復路の運賃

1）割増率を確認する。
NYCTYO の MPM は資料から 8084。NYC-CHI-TYO の STPM は 721+6289＝7007。
よって STPM≦MPM となり、割増しはない。

2）シカゴを出発する曜日は月曜日なので、資料より平日運賃（X）を適用。

3）シカゴは途中降機地点で、HIP チェックの対象となる。
資料より、TYO-CHI（10740.00：X）＜TYO-NYC（10830.00：X）となっているので、HIP は
ない。

4）割増しはないので、10830.00÷2＝5415.00 が復路の運賃となる。

④適用運賃
往路と復路の運賃額が同じなので（周回旅行ではなく）往復旅行であることが確認できた。
したがって、往復の運賃をそのまま合算し、5415.00＋5415.00＝10830.00 が求める運賃となる。

【周回旅行】

旅程表　ITINERARY				
DATE	CITY/AIRPORT	TIME	AIRLINE/FLIGHT/CLS	STATUS
07MAR（SUN）	TOKYO/HND	11:15	ALL NIPPON AIRWAYS	OK
07MAR（SUN）	SINGAPORE/SIN	17:30	NH 841/ C	
10MAR（WED）	SINGAPORE/SIN	07:10	SINGAPORE AIRLINES	OK
10MARWED)	BANGKOK/BKK	08:45	SQ 970/ C	
12MAR（FRI）	BANGKOK/BKK	18:25	THAI AIRWAYS	OK
12MAR（FRI）	HO CHI MINH/SGN	19:55	TG 556/ C	
18MAR（THU）	HO CHI MINH/SGN	05:40	UNITED AIRLINES	OK
18MAR（THU）	HONGKONG/HKG	09:20	UA 116/ C	
21MAR（SUN）	HONGKONG/HKG	14:40	ALL NIPPON AIRWAYS	OK
21MAR（SUN）	TOKYO/HND	19:50	NH 860/ C	

〔クラス・人員〕ビジネスクラス大人 1 名

〔適用運賃〕ANA ビジネスクラス普通運賃

〔運賃計算上の折り返し地点〕SINGAPORE（SIN）

〔各区間 TPM〕TYO−3311（EH）−SIN−897−BKK−461−SGN−940−HKG−1807（EH）−TYO

〔タリフ〕下記参照

〔IATA ROE〕1 NUC＝JPY100.000000

〔航空券の予約と発券〕日本

```
**07MAR*OPEN  / TYOSIN /EH/
              /MPM 3973  /NUC
CX      5260.00    R          EH
CW      5760.00    R          EH
```

```
**07MAR*OPEN  / TYOBKK /EH/
              /MPM 3441  /NUC
CX      4500.00    R          EH
CW      5000.00    R          EH
```

```
**07MAR*OPEN  / TYOSGN /EH/
              /MPM 3264  /NUC
CX      4300.00    R          EH
CW      4800.00    R          EH
```

```
**07MAR*OPEN  / TYOHKG /EH/
              /MPM 2168  /NUC
CX      3050.00    R          EH
CW      3450.00    R          EH
```

	週末運賃（W）	平日運賃（X）
往路出発	日・月	火〜土
復路出発	金・土	日〜木

往路：日本国内の最終地点を出発する曜日を基準とする。
復路：最終国際区間を出発する曜日を基準とる。

①折り返し地点を境に往路と復路に分ける。（数字は TPM。）

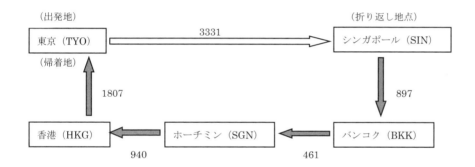

②往路の計算

1）割増率を確認する。

　　TYOSIN の MPM は資料から 3973。よって STPM≦MPM となり、割増しはない。（そもそも TYO−SIN 間を直行しているので割増しになることはない。）

2）東京を出発する曜日は日曜日なので、資料より週末運賃（W）を適用。

3）直行なので HIP チェックはない。

4）割増しはないので、5760.00÷2＝2880.00 が往路の運賃となる。

③復路の運賃

1）割増率を確認する。

　　SINTYO の MPM は資料から 3973。SIN−BKK−SGN−HKG−TYO の STPM は 897＋461＋940＋1807＝4105。STPM≧MPM により、割増しが必要となる。

　　4105÷3973＝1.03… となることから、5％増し（5M）となる。

2）香港を出発する曜日は日曜日なので、資料より平日運賃（X）を適用。

3）バンコク、ホーチミン、香港は途中降機地点で、HIP チェックの対象となる。HIP チェックの結果、SIN（5260.00：X）が最も高額であり、したがって HIP は存在しない。

4）5％の割増しなので、5260÷2×1.05＝2761.50 が復路の運賃となる。

④適用運賃

　往路と復路の運賃が異なるので、周回旅行となる。周回旅行なので CTM チェックが必要となる。

1）往復の合計額は、2880.00＋2761.50＝5641.50

2）途中降機地点で最も高額な平日運賃（X）は BKK：4900.00 であり、計算した往復の合計額が CTM を上回っているので、5641.50 が適用運賃となる。

8 国際航空運賃・料金 ～オープンジョー旅行計算（普通運賃）～

Point1 オープンジョー旅行

　旅行開始国に戻る旅程で、出発国側か折り返し地点側の一方または両方に地上運送区間（Surface）を含む旅行です。運賃計算上は、地上運送区間があっても原則的に「1/2往復運賃」を適用します。

Point2 オープンジョー旅行の運賃計算の手順

　①地上運送区間を境に往路と復路を分ける。
　②往路の計算をする。
　　1）割増率を確認する。
　　2）週末運賃か平日運賃かを確認する。
　　3）HIPチェックを行い、基準となる運賃を確定する。
　　4）割増しの処理をして額を確定する。
　③復路の計算をする。
　　1）割増率を確認する。
　　2）週末運賃か平日運賃かを確認する。
　　3）HIPチェックを行い、基準となる運賃を確定する。
　　4）割増しの処理をして額を確定する。
　④往路・復路の運賃額を合算する。

Point3 運賃計算の具体例

【オープンジョー旅行】

旅程表　ITINERARY				
DATE	CITY/AIRPORT	TIME	AIRLINE/FLIGHT/CLS	STATUS
12NOV (FRI)	TOKYO/HND	11：10	ALL NIPPON AIRWAYS	OK
12NOV (FRI)	VIENNA/VIE	16：10	NH 6325/ C	
15NOV (MON)	VIENNA/VIE	17：05	AUSTRIAN AIRLINES	OK
15NOV (MON)	LONDON/LON	18：30	OS 455/ C	
LONDON (LON) － PARIS(PAR) Surface				
18NOV (THU)	PARIS/PAR	08：10	Turkish Airlines	OK
18NOV (THU)	ISTANBUL/IST	12：30	TK 1830/ C	
26NOV (FRI)	ISTANBUL/IST	13：40	ALL NIPPON AIRWAYS	OK
26NOV (FRI)	TOKYO/HND	07：10	NH 6636/ C	

〔クラス・人員〕ビジネスクラス大人1名
〔適用運賃〕ANAビジネスクラス普通運賃
〔旅行形態〕往路の終点をLON、復路の起点をPARとするオープンジョー旅行
〔各区間TPM〕TYO-5699（TS）-VIE-780-LON-220-PAR-1392-IST-5755（TS）-TYO

	**12NOV*OPEN / TYOVIE /TS/					**12NOV*OPEN / TYOLON /TS/		
		/MPM 6838	/NUC				/MPM 7464	/NUC
CX	10600.00	R	TS		CX	10600.00	R	TS
CW	12600.00	R	TS		CW	12600.00	R	TS

	**12NOV*OPEN / TYOPAR /TS/					**12NOV*OPEN / TYOIST /TS/		
		/MPM 7447	/NUC				/MPM 6960	/NUC
CX	10600.00	R	TS		CX	10800.00	R	TS
CW	12600.00	R	TS		CW	12800.00	R	TS

	週末運賃（W）	平日運賃（X）
往路出発	土〜月	火〜金
復路出発	金・土	日〜木

往路：日本国内の最終地点を出発する曜日を基準とする。
復路：ヨーロッパ内の最終地点を出発する曜日を基準とする。

①折り返し地点を境に往路と復路に分ける。（数字は TPM。）

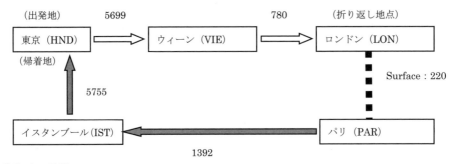

②往路の計算

1）割増率を確認する。

　TYOLON の MPM は資料から 7464。TYO−VIE−LON の STPM は 5699＋780＝6479。よって STPM≦MPM となり、割増しはない。

2）東京を出発する曜日は金曜日なので、資料より平日運賃（X）を適用。

3）ウィーンは途中降機地点で、HIP チェックの対象となる。HIP チェックの結果、同額となるため HIP は存在しない。

4）割増しはないので、10600.00÷2＝5300.00 が往路の運賃となる。

③復路の運賃

1）割増率を確認する。

　PARTYO の MPM は資料から 7447。PAR−IST−TYO の STPM は 1392＋5755＝7147。よって STPM≦MPM となり、割増しはない。

2）イスタンブールを出発する曜日は金曜日なので、資料より週末運賃（W）を適用。

3）イスタンブールは途中降機地点で、HIP チェックの対象となる。HIP チェックの結果、IST（12800.00：W）が最も高額であり、したがってこれが HIP となる。

4）1280.00÷2＝6400.00 が復路の運賃となる。

④適用運賃

　往路と復路の運賃が異なるが、オープンジョー旅行であるので CTM チェックは不要である。した

がって、往復の合計額である 5300.00 ＋ 6400.00 ＝ 11700.00 が適用運賃となる。

Point4　みなし計算

地上運送区間を含む行程の場合、以下の 2 通りでマイレージ計算を行うことができます。

①実際に利用する航空機利用区間のみでマイレージ計算を行う。
②地上運送区間も、航空機を利用したとみなして、当該区間も含めてマイレージ計算を行う。

　上記②の計算方法を「みなし計算」といい、①よりも低額になる場合に用います。この場合、往復・周回旅行として計算します。

Point5　運賃計算の具体例

【オープンジョー旅行（みなし計算）】

旅程表　ITINERARY				
DATE	CITY/AIRPORT	TIME	AIRLINE/FLIGHT/CLS	STATUS
10AUG (WED)	TOKYO/HANEDA	11：20	LUFTHANSA GERMAN AIR	OK
10AUG (WED)	FRANKFURT	16：20	LH 717/ C	
	FRANKFURT (FRA) － LONDON (LON)　　Surface			
15AUG (MON)	LONDON/HEATHROW	17：00	BRITISH AIRWAYS	OK
15AUG (MON)	MADRID	18：25	BA 458/ C	
25AUG (THU)	MADRID	08：05	IBERIA	OK
25AUG (THU)	MILAN/MALPENSA	12：25	IB 3254/ C	
31AUG (TUE)	MILAN/MALPENSA	14：00	ALITALIA	OK
01SEP (WED)	TOKYO/HANEDA	07：30	AZ 0786/ C	

〔クラス・人員〕ビジネスクラス大人 1 名
〔適用運賃：IATA〕ビジネスクラス普通運賃フレックス※
〔タリフ〕下記参照
〔運賃計算上の折り返し地点と旅行形態〕MAD を折り返し地点とする往復／周回旅行
〔各区間 TPM〕TYO-5928（TS）－ FRA-396-LON-785-MAD-731-MIL-6082（TS）-TYO
〔タリフ〕下記参照

TYOFRA	//MPM-TS 6838//	
RT/OW	FARE/NUC	BKG/CDE
R	14300.00	C
O	10010.00	C

TYOLON	//MPM-TS 7464//	
RT/OW	FARE/NUC	BKG/CDE
R	14300.00	C
O	10010.00	C

TYOMAD	//MPM-TS 8154//	
RT/OW	FARE/NUC	BKG/CDE
R	12800.00	C
O	8960.00	C

TYOMIL	//MPM-TS 7298//	
RT/OW	FARE/NUC	BKG/CDE
R	12800.00	C
O	8960.00	C

※IATA フレックス

　IATA（国際航空運送協会）のフレックス運賃とは、IATA で採択された運賃額で、関係国政府の認可を受けて設定されたもの。原則として、各国の航空会社共通の運賃として採用されており、平日運賃と週末運賃の区別はない。

①折り返し地点を境に往路と復路に分ける。（数字は TPM。）

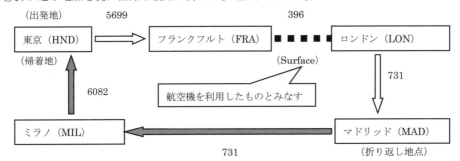

②往路の計算

　1）　割増率を確認する。

　　　TYOMAD の MPM は資料から 8154。TYO-FRA-LON-MAD の STPM は 5699＋396＋731＝6813。よって STPM≦MPM となり、割増しはない。

　2）　出発する曜日のチェックは不要。

　3）　フランクフルト及びロンドン（いずれも 14300.00）が、マドリッドより高額となるため、これらが HIP となる。

　4）　14300.00÷2＝7150.00 が往路の運賃となる。

③復路の運賃

　1）　割増率を確認する。

　　　MADTYO の MPM は資料から 8154。MSD-MIL-TYO の STPM は 731＋6082＝6813。よって STPM≦MPM となり、割増しはない。

　2）　出発する曜日のチェックは不要。

　3）　マドリッドとミラノは同額なので HIP はない。

　4）　1280.00÷2＝6400.00 が復路の運賃となる。

④適用運賃

　往路と復路の運賃が異なるので、この旅程は周回旅行となる。周回旅行では CTM チェックを行わなければならない。

　1）　往復の合計額は、7150.00＋6400.00＝13550.00

　2）　途中降機地点で最も高額な運賃は、フランクフルト、ロンドンの 14300.00 であり、CTM が往復の合計額を上回っているので、14300.00 が適用運賃となる。

（補足）この行程では、TYO-FRA と LON-MAD-MIL-TYO の区間に分けて、オープンジョーとして計算することもできます。（その場合、14300.00 より高額になります。各自で確認してみてください。）なお、本試験では、「運賃計算上の折り返し地点と旅行形態」が指定されます。

9 国際航空運賃・料金 ～キャリア運賃～

Point1 キャリア運賃

　航空会社は、独自の運賃を設定することができますが、これを「キャリア運賃」といいます。「キャリア運賃」のほとんどは、日本発着国際線を含めて利用できる航空会社が限定されており、航空会社ごとに、運賃種類や行き先、また適用規則もそれぞれ異なるため、個別の運賃の詳細は、各航空会社のWEBサイト、航空会社の端末、OFCタリフなどで確認が必要となります。

　キャリア運賃では、運賃により、目的地域における適用可能都市、旅行形態が限定される場合や、発券や予約の期限、曜日運賃（週末・平日）やシーズナリティ（運賃適用期間）などが設定されます。また、必要旅行日数、有効期間、途中降機、経路、変更・払戻し等に制限が生じるケースもあります。

　航空会社が設定しているキャリア運賃の種類は複数ありますが、運賃設定は航空会社によって異なり、運賃額は同等のクラスであれば、一般的にはIATA運賃より低額となります。

Point2 キャリア運賃の適用規則

　「キャリア運賃」を適用する際は、原則としてIATA運賃の規則を基本としますが、一部異なる取扱いをする規則や、またIATA運賃にない規則もあります。

　目的地（折り返し地点）や経由地（途中降機・乗り継ぎ）は、規則表（タリフ）に記載されている地域・都市に限定されます。また、途中降機、乗り換え、経路等に制限が設定される場合が多く、その条件を満たす行程でなければいけません。途中降機料金の加算を必要とする運賃もあります。

　年間を通じて運賃は一定額ではなく、シーズナリティ（運賃適用期間）を設定して出発日により運賃額が異なる場合や、搭乗曜日によって週末運賃・平日運賃が設定される場合があります。旅行形態に関しては、原則的に普通運賃の定義に準じます。その他、普通運賃にない規則で、運賃によって各種の制限や手数料の徴収などがあります。

Point3 規則表（タリフ）の見方

①名称・運賃種別：航空会社独自の運賃名称、運賃種別が記載される。
②目的地：行程上の目的地点（地区、地域、国名、都市名など）が記載される。さらに、旅行経路（GI）が指定される場合がある。例では（PA）と記載されているので、往復とも太平洋横断の経路となる。
③適用旅客・人数：当該運賃を適用できる必要最少人員（大人旅客）が記載される。例では、「個人」と記載されているが、これは大人旅客1名から適用が可能であるということ。日本発の運賃は、ほとんどの場合で「個人」の適用となっている。
④クラス・旅行形態：運賃の設定されているクラスと、当該運賃適用に当たって限定される旅行形態が掲載される。例では、ビジネスクラスで往復・周回・オープンジョー旅行に適用可能であることが示されている。

⑤適用期間・運賃：運賃額は別途示される運賃表に準じる。日本円の往復運賃、片道旅行が可能な場合は片道運賃が記載される。旅行形態が往復、周回、オープンジョー旅行の場合は、往路と復路の行程に 1/2 往復運賃が適用される。また、シーズナリティ（運賃適用期間）は、往路の日本の国際線出発日（日本の出発日）を基準として、全旅程に適用する。つまり、復路も往路と同様の適用期間となる。週末運賃（W）と平日運賃（X）が設定される場合があり、これらはシーズナリティ（運賃適用期間）とは異なり、往路と復路のそれぞれの行程ごとに適用される。

⑥予約・発券：予約クラス、予約の期限、航空券の発券期日・期限などの規則が掲載されている。予約・発券の期限がある場合は、「〇日前まで」、または「〇日以内」と表記される。また、発券の期限は、規則の但し書きによって 2 通りとなる場合があるが、この場合は「より早い期日を発券可能な最終日」とする。

⑦必要旅行日数：最低限必要な旅行日数が記載される。例の「3 日発・開始」というのは、往路の国際線出発後、3 日目以降に復路の出発をしなければならないということ。あくまでも、往路の国際線出発日（日本の国内線の出発日は含めない）が、起算日の基準となる。日本発の運賃では「制限なし」または「〇日発・開始」の 2 通りで、「制限なし」の場合は旅行日数を考慮する必要はない。

⑧有効期間：最大限の滞在可能日数（期間）が記載される。例の「2 か月発・開始」というのは、往路の国際線出発日から 2 か月後の 24 時までに復路の出発をしなければならないということ。日本発の運賃では、「〇日発・開始」、「〇週間発・開始」、「〇か月発・開始」、「1 年発・開始」の 4 通りで、「旅行開始日（日本国内線の搭乗日を含む）」が起算日の基準となる。

⑨途中降機：途中降機は、24 時間を超えて滞在することをいう。この欄では、途中降機を不可とする場合や、都市や回数に制限を設ける場合などの規則が記載される。また、有料で途中降機が可能となる場合がある。例では、「カナダ行以外」で、途中降機は「往路・復路各 2 回可」となっている。これは全行程において 4 回まで可能であるが、無料となるのは 1 回だけであるという意味。

⑩乗り換え：乗り換えは、ある都市に航空便で到着して、異なる航空便で次の都市へ移動することをいい、途中降機と乗り継ぎの両方を含む。運賃によって、不可となる場合や、都市・回数等の制限が設けられる場合がある。

⑪経路規定：利用可能な航空会社のほか、経路（GI）や経由地、乗り換え、地上運送区間の取扱いなどに関する規定が記載される。例では、「フェアコンポーネント内のサーフィスセクターは不可」とあるが、これはオープンジョー旅行の際の「みなし計算」を行うことはできないということ。

⑫運賃計算例外規定：通常の運賃計算規則を適用しない例外がある場合は、その規定を適用する。「HIP チェック」や「CTM チェック」、「マイレージ計算」の規則に関するものが主となる。なお、例のように「なし」とは、例外規定がないという意味で、したがって「マイレージ計算」や「HIP チェック」は通常の運賃規則に沿って行うということ。

⑬参加航空会社：当該運賃で利用可能な航空会社が記載される。

⑭結合運賃：当該運賃と結合できる運賃の種類やアドオン運賃の種類等が記載される。なお、適用条件の異なる運賃を結合した場合、原則として、予約・発券等の限界、有効期間・必要旅行日数などにおいて「より厳しい条件」を全旅程に適用することになる。

⑮小幼児運賃：特に明記がない限り、原則として IATA 普通運賃と同じ年齢基準となり、大人に適用される運賃規則と同じ規則が小幼児にも適用される。例の場合は、記載されているのでこれに従う

ことになる。

⑯同時旅行：複数人数（2名以上）を対象とする運賃の場合は、その規則が記載される。通常は個人での適用が可能なので「制限なし」と記載される。

⑰予約変更・経路変更：発券完了後の変更についての規則が記載される。なお、発券前については、予約や発券の期限などの各種規則の条件を満たしていれば、変更は可能である。

⑱取消し・払戻し：運賃によって規則が異なる。出発前・出発後で条件が異なる場合が多く、特に出発前においては、旅行取消しの連絡の有無により、払戻しの規則や手数料の金額が異なる場合がある。幼児運賃を適用した航空券は、特に明記がない限り、払戻しの際の取消手数料は無料となる。

図表Ⅳ-9-1　規則表（タリフ）例　〈抜粋〉

名称・運賃種別	JAL/AA ビジネスセイバー14 運賃		
目的地	米国（ハワイを除く）・プエルトリコ・ヴァージン諸島・カナダ（PA）		
適用旅客・人数	個人		
クラス・旅行形態	ビジネスクラス往復、周回、オープンジョー		
適用期間・運賃	詳細は運賃表参照 往路：日本国内の最終地点を出発する曜日を基準とする 復路：北米内の最終地点を出発する曜日を基準とする。		
		週末運賃（W）	平日運賃（X）
	往路出発	土～月	火～金
	復路出発	金・土	日～木
予約・発券	①予約クラス（日本国内の J・Y） ②予約・発券は最初の国際線搭乗日の 14 日前までに行う ③旅行全体の予約は確定済みのこと		
必要旅行日数	3 日発・開始　復路の太平洋横断旅行は、往路の太平洋横断旅行出発後 3 日目以降		
有効期間	2 ヵ月発・開始		
途中降機	カナダ行き以外：第 1 地区（ハワイを除く）で往路・復路各 2 回可（無料で 1 回。さらに 1 回につき 10,000 円で可） カナダ行き：第 1 地区の指定経由地で往路・復路各 1 回可（無料で 1 回。さらに 10,000 円で 1 回可）		
乗り換え	①日本国内で往路・復路 1 回可 ②カナダ行き以外：第 1 地区（ハワイを除く）で往路・復路各 2 回可		
経路規定	①日本国内区間は日本航空（JL）または日本トランスオーシャン航空（NU）に限る ②日本発着国際線区間は日本航空（JL）に限る ③第 1 地区内は日本航空（JL）またはアメリカン航空（AA）、アラスカ航空（AS）に限る ④フェアコンポーネント内のサーフィスセクターは不可		
運賃計算例外規定	なし		
参加航空会社	NU、AA、AS		
結合運賃	〔可〕別取りされる日本国内運賃及び普通運賃		
小幼児運賃	小児は大人運賃の 75%、幼児は大人運賃の 10%。ただし、幼児は同伴する大人が本運賃を利用する場合に適用可		
同時旅行	制限なし		
予約変更・経路変更	不可		
取消し 払戻し	出発前 ①往路の最初の区間の予約便出発時刻より前に取消しの連絡を行った場合 　・旅行取りやめの場合（払戻し） 　　大人 30,000 円、小児 22,500 円を取消手数料として収受し残額を払い戻す ②予約便の取消しを行わなかった場合 　・旅行取りやめの場合（払戻し） 　　大人 60,000 円、小児 45,000 円を取消手数料として収受し残額を払い戻す		

【キャリア運賃】

旅程表　ITINERARY				
DATE	CITY/AIRPORT	TIME	AIRLINE/FLIGHT/CLS	STATUS
16AUG (MON)	TOKYO/NRT	17:05	JAPAN AIRLINES	OK
16AUG (MON)	LOS ANGELES/LAX	11:00	JL 062/ C	
21AUG (SAT)	LOS ANGELES/LAX	08:00	AMERICAN AIRLINES	OK
21AUG (SAT)	NEW YORK/NYC	16:40	AA 118/ C	
NEW YORK (NYC) － BOSTON (BOS)　Surface				
26AUG (THU)	BOSTON/BOS	11:40	AMERICAN Airlines	OK
26AUG (THU)	DALLAS/DFW	15:00	AA 1238/ C	
02SEP (THU)	DALLAS/DFW	13:00	JAPAN AIRLINES	OK
03SEP (FRI)	TOKYO/NRT	16:15	JL 7011/ C	

〔クラス・人員〕ビジネスクラス大人1名

〔適用運賃〕JAL ビジネスセイバー14

〔各区間 TPM〕TYO-5451（PA）-LAX-2459-NYC-191-BOS-1556-DFW-6537（PA）-TYO

〔各区間 MPM〕TYO-LAX：6541、TYO-NYC：8084、TYO-BOS：8230、TYO-DFW：7724

〔旅行形態〕往路の終点を NYC、復路の始点を BOS とするオープンジョー旅行

〔米国・カナダ行〈JAL ビジネスセイバー14〉運賃規則表〕

名称・運賃種別	JAL ビジネスセイバー14			
目的地	米国（ハワイを除く）・プエルトリコ・ヴァージン諸島・カナダ（PA）			
クラス・旅行形態	ビジネスクラス往復、周回、オープンジョー			
適用期間・運賃	詳細は運賃表参照			
		週末運賃（W）	平日運賃（X）	往路：日本国内の最終地点を出発する曜日を基準とする
	往路出発	土～月	火～金	
	復路出発	金・土	日～木	復路：北米内の最終地点を出発する曜日を基準とする。
予約・発券	①予約は最初の国際線搭乗日の 14 日前までに行う ②発券は最初の国際線搭乗日の 14 日前までに行う			
必要旅行日数	3 日発・開始 復路の太平洋横断旅行は、往路の太平洋横断旅行出発後 3 日目以降			
有効期間	2 か月発・開始			
途中降機	カナダ行以外：第 1 地区内（ハワイを除く）で往路・復路各 2 回可（無料で 1 回、さらに 1 回につき 10,000 円で可） カナダ行：第 1 地区内の指定経由地で往路・復路各 1 回可（無料で 1 回、さらに 10,000 円で 1 回）			
運賃計算例外規定	なし			

〔米国・カナダ行〈JAL ビジネスセイバー14〉運賃表（抜粋）〕

出発地	東京・名古屋・大阪								（単位：千円）	
目的地	LAX ロサンゼルス SFO サンフランシスコ SAN サンディエゴ		CHI シカゴ WAS ワシントン		BOS ボストン PIT ピッツバーグ		NYC ニューヨーク ATL アトランタ		DFW ダラス HOU ヒューストン MIA マイアミ	
適用期間	W	X	W	X	W	X	W	X	W	X
4/1～3/31	711	391	842	522	862	542	922	602	942	622

① 折り返し地点を境に往路と復路に分ける。（数字は TPM。）

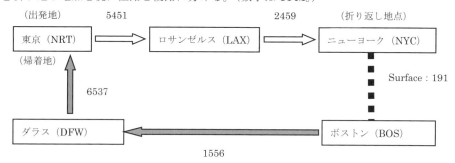

② 往路の計算

　1）割増率を確認する。

　　TYONYC の MPM は資料から 8084。TYO－LAX－NYC の STPM は 5451＋2459＝7910。よって STPM≦MPM となり、割増しはない。

　2）適用期間は通年。東京を出発する曜日は月曜日なので、資料より週末運賃（W）を適用する。

　3）ロサンゼルスは途中降機地点で、HIP チェックの対象となる。HIP チェックの結果、ニューヨークの運賃が最も高額（922,000 円）となるため HIP は存在しない。

　4）割増しはないので、922,000 円÷2＝461,000 円が往路の運賃となる。

③ 復路の運賃

　1）割増率を確認する。

　　BOSTYO の MPM は資料から 8230。NYC－BOS－TYO の STPM は 1556＋6537＝8093。よって STPM≦MPM となり、割増しはない。

　2）適用期間は通年。ダラスを出発する曜日は木曜日なので、資料より平日運賃（X）を適用。

　3）ダラスは途中降機地点で、HIP チェックの対象となる。HIP チェックの結果、ダラスの運賃（622,000 円）の方が高額であり、したがってこれが HIP となる。

　4）622,000 円÷2＝311,000 円が復路の運賃となる。

④ 適用運賃

　　往路と復路の運賃が異なるが、オープンジョー旅行であるので CTM チェックは不要である。したがって、往復の合計額である 461,000 円＋311,000 円＝772,000 円が適用運賃となる。

　　※規則表の「運賃計算例外規定」に「なし」となっている場合は、原則通り、マイレージ計算、HIP チェックが必要であるというということ。

⑤ この行程における途中降機料金

　　この行程で適用される運賃はカナダ行以外である。この規則表によると、途中降機は「往路・復路各 2 回可（無料で 1 回、さらに 1 回につき 10,000 円で可）」とある。これは、「往路 2 回まで、復路 2 回までの最大 4 回の途中降機が可能で、最初の 1 回は無料」という意味。したがって、この行程では、往路のロサンゼルス、復路のダラスはいずれも途中降機地点で、計 2 回となるので、料金が必要な途中降機は 1 回であり、規則から 10,000 円が必要になる。

⑥ 有効期間を最大限に利用した場合の搭乗日

　　有効期間は「2 か月発・開始」とある。これは、旅行開始日から数えて、2 か月目の同一日の意味である。よって、旅行開始日の 8 月 16 日の 2 か月後の同一日であることから、10 月 16 日になる。

著者紹介

太田　実（おおた・みのる）　　　　　拓殖大学商学部教授（観光産業論）

立教大学大学院観光学研究科博士課程前期課程修了（修士）。株式会社矢野経済研究所上級研究員、松蔭大学准教授を経て、現職（兼任にて大正大学人間学部特任教授）。旅行業務取扱管理者試験の講師経験も 20 年以上にわたる。

主要著書：『新現代観光総論』（共著）学文社、2015 年

　　　　　『こども文化・ビジネスを学ぶ』（共編著）八千代出版、2016 年

　　　　　『旅行業務取扱管理者（国内・総合）』（単著）MHJ 出版、2017 年

　　　　　『新時代の観光を学ぶ』（共編著）八千代出版、2019 年

要点解説　旅行業務取扱管理者〔国内・総合〕

2021 年 4 月 8 日第 1 版第 1 刷発行

著　　者 ― 太　田　　実

発 行 者 ― 森口恵美子

印刷製本 ― 三光デジプロ

発 行 所 ― 八千代出版株式会社

　　〒101-0061　東京都千代田区神田三崎町 2-2-13

　　TEL　03-3262-0420

　　FAX　03-3237-0723

＊定価は表紙に表示してあります。

＊落丁・乱丁はお取り換えいたします。

ISBN978-4-8429-1809-9